Jonathan Drake · Alexander-Technik im Alltag

(Die Notwendigkeit zur Veranschaulichung) zwingt den Lehrer oder Philosophen, statt theoretischer Formeln, die nur zu oft keinen praktischen Bezug zum Leben haben, der Welt praktische Verfahren zu geben, die man im täglichen Leben anwenden kann. (…)

Dieses Vorgehen, wage ich vorauszusagen, wird immer mehr die Regel werden und nicht die Ausnahme bleiben, wenn wir uns auf schöpferische, bewußte Steuerung und Kontrolle hin entwickeln.[1]

F. M. Alexander

Jonathan Drake

Alexander-Technik
im Alltag

Wie Sie Bewegung und Haltung
verbessern können

Mit einem Vorwort von Alexander Bartmann

Kösel

Übersetzung aus dem Englischen: Imma Lösche, London. Die Originalausgabe erschien unter dem Titel »Body Know-How. A practical guide to the use of THE ALEXANDER TECHNIQUE in everyday life« bei Thorsons, An Imprint of Grafton Books, A Division of HarperCollinsPublishers Ltd., London.

ISBN 3-466-34290-2

1 2 3 4 5 6 · 98 97 96 95 94 93

Gedruckt auf umweltfreundlich hergestelltem Werkdruckpapier
(säurefrei und chlorfrei gebleicht)

Inhalt

Vorwort

Meinen ersten Alexander-Unterricht hatte ich vor über zehn Jahren. Im Rahmen einer Fortbildung zum psychotherapeutischen Berater lernte ich dieses körperorientierte Verfahren als Ergänzung zur psychologischen Beratung kennen. In den ersten Unterrichtsstunden erlebte ich erstaunliche Veränderungen. So erinnere ich mich an einen Morgen, an dem während einer »lesson« (so nannten wir damals den Unterricht) plötzlich meine ganze Umgebung viel klarer in Erscheinung trat. Als wären Nebelschleier, die mich bis dahin umgaben, verschwunden, als hätte jemand Fensterscheiben geputzt, durch die jetzt der Blick frei und unverstellt in die Welt gehen konnte. Als mir klar wurde, daß es sich dabei nicht um zufällige Phänomene handelte, sondern um die Ergebnisse eines verbesserten Umgangs mit mir selbst, war es naheliegend, mich für die Ausbildung zu interessieren.

Wenn dieses Buch in deutscher Übersetzung erscheint, liegen die Anfänge der Alexander-Technik nahezu 100 Jahre zurück. Sie wurde zunächst in Australien und Neuseeland gelehrt, war im London der 30er Jahre ein Geheimtip unter Schauspielern und Musikern und ist heute weltweit in über 20 Ländern vertreten, seit mehr als 15 Jahren auch in Deutschland. In eigener Praxis, in Kooperation mit Ärzten, in Lehraufträgen an Musikhochschulen und in der Erwachsenenbildung unterrichten hier derzeit etwa 120 Lehrer. Die Zahl der interessierten Schüler scheint gegenwärtig schneller zu wachsen, als an den 9 Ausbildungsschulen weitere Lehrer in den dreijährigen Kursen ausgebildet werden können.

Die Qualifizierung von Lehrern findet an privaten Aus- und Weiterbildungs-Instituten nach international vereinbarten Richtlinien statt, über deren Einhaltung die einzelnen nationalen Fachverbände mit ihren Gremien wachen. So verläuft die Lehrerausbildung im deutschsprachigen Raum (Schweiz und Deutschland) seit Ende der 70er Jahre in geregelten Bahnen und bietet Gewähr für ein hohes Niveau an fachlicher und persönlicher Kompetenz der Absolventen. Die Fortbildung der Lehrer findet regelmäßig auf lokaler, regionaler und internationaler Ebene statt.

Die Wirksamkeit der Alexander-Technik spricht für sich, ihre Bekanntheit steigt mit jeder erteilten Unterrichtsstunde und mit jeder weiteren Veröffentlichung zum Thema. In meiner eigenen langjährigen Unterrichtspraxis zeigt sich, wie sich das allgemeine Befinden der Schüler stetig bessert, ihre Leistungsfähigkeit, Lebensfreude und Selbstsicherheit zunimmt, und Musiker zu einem höheren Maß an künstlerischem Ausdruck finden. Symptome wie Kopf- und Rückenschmerzen, Menstruationsbeschwerden, Angstzustände und Depression verschwinden oft schon nach wenigen Unterrichtsstunden.

Unter den bisher in deutscher Sprache erschienenen Büchern über die Alexander-Technik nimmt das vorliegende Werk von Jonathan Drake eine Sonderstellung ein. Daß der Autor in seinem Buch die Grundzüge der Methode in verständlicher Weise vermittelt, den neuesten Stand ihrer Erforschung und Entwicklung berücksichtigt und die Anwendung der Alexander-Technik im täglichen Leben anschaulich zeigt, darf man als selbstverständlich bei einem aktuellen Sachbuch voraussetzen. Als sein besonderes Verdienst sehe ich es an, daß es ihm gelungen ist, zu zeigen: die Alexander-Technik ist mehr als Haltungsschulung und Entspannungstechnik, mehr als eine »Spezialbehandlung« für Musiker mit Rücken- und Schulterschmerzen.

Die Alexander-Technik ist dort wirksam, wo sie angewandt wird. Sie kann keine Wunder vollbringen, aber sie wirkt genau an dem Punkt ihrer Anwendung. Wie tiefgreifend sie eingesetzt wird, hängt von den Zielen und Wünschen der betreffenden Person ab. Drake zeigt, daß es unser ganzes Leben ist, worauf wir die Prinzipien der Alexander-Technik anwenden können und dürfen.

Wenn Sie dieses Buch lesen, sollten Sie sich bei jedem Satz, bei jedem Bild, das Sie betrachten, darüber im klaren sein, daß es sich immer um einen Ausschnitt aus einem umfassenden dynamischen Prozeß handelt. Es wird nicht die richtige Haltung (der statische Aspekt) abgebildet, sondern ein einzelnes »Bewegungs-Haltungs-Moment« in seiner ungünstigen oder günstigen Ausprägung beispielhaft vorgestellt. Die Abbildungen dieses Buches sind bemerkenswert, weil das Modell, selbst Alexander-Lehrerin, in besonderer Weise in der Lage ist, auch dem ungeschulten Auge die subtilen Unterschiede deutlich zu machen.

Der Ursprung von Alexanders Entdeckungen ist eng mit seiner Selbstbeobachtung verbunden. Auch heute noch ist einer der Bausteine der Methode die wache und aufmerksame Beobachtung. Das Bildmaterial gibt reichlich Gelegenheit zu unbefangenem Hinsehen. Dabei ist wieder weniger die Frage nach der äußeren Form interessant, als der, in der äußeren Form zum Ausdruck kommende *innere Prozeß*. Ich bin überzeugt, daß dieses Buch allen Schülern, Studenten und Lehrern beim grundsätzlichen Verständnis der Alexander-Technik hilft und ihnen Mut machen kann, mit der Methode in beliebigen Alltagssituationen zu experimentieren. Allen interessierten Laien bietet es die notwendige Information, um entscheiden zu können, ob zur Erreichung persönlicher oder beruflicher Ziele die Alexander-Technik zur Anwendung kommen soll.

Die Fülle der Möglichkeiten und das unmittelbare Erleben der Anwendung der Technik erschließt sich jedoch nur im individuellen Unterricht. So wünsche ich allen, denen die nachfolgenden Ausführungen plausibel und praktikabel erscheinen und allen, für die der weise Umgang mit unserem »persönlichsten Instrument«, unserem Körper, genauso bedeutsam ist, wie das Erlernen irgendeiner handwerklichen oder künstlerischen Fertigkeit, den Lehrer, der die Arbeit dort fortzusetzen vermag, wo die Anregungen, die dieses Buch geben kann, enden.

Heidelberg, Oktober 1992
Alexander Bartmann

Lehrer der F.M. Alexander-Technik (GLAT), 1. Vorsitzender der GLAT (Gesellschaft der Lehrer der F.M. Alexander-Technik e.V.)

Vorwort zur englischen Ausgabe

Meine Einführung in die Alexander-Technik war die Rede von Tinbergen, die er 1973 als Gewinner des Nobelpreises für Medizin und Physiologie hielt. 1977 begann ich Alexander-Stunden zu nehmen. 35 Jahre lag habe ich mich der experimentellen Physiologie gewidmet und bin immer mehr von der Wichtigkeit von F.M. Alexanders Entdeckungen überzeugt.

Unsere Muskeln sind ein faszinierendes Organ, sie bilden insgesamt über ein Drittel unserer Körpermasse. Fast alle glauben, die Muskeln seien nur dazu da, uns aufrecht zu halten und uns die Kraft und die Möglichkeit zu den verschiedensten Bewegungen und Tätigkeiten zu geben. Aber die Muskeln sind weit mehr; sie sind Teil eines wichtigen Sinnesorgans – des sechsten Sinnes, auch Lagen- oder kinästhetischer Sinn genannt. Die Muskeln sind auch ein Mittel zur Kommunikation und Information: einerseits durch die Sprache (erzeugt durch Muskeltätigkeit) und den Gesichtsausdruck, andererseits durch die Rolle, die Muskeln beim Ausdruck unserer Stimmung in der Körperhaltung spielen – hier die schlaffen Muskeln bei einer Depression, dort die große Anspannung bei Wut und Angst.

Alexander wies uns moderne Menschen darauf hin, daß wir unseren sechsten Sinn vergessen haben und deshalb unsere Muskeln nicht optimal für Haltung, Bewegung und Kommunikation unseres emotionalen Zustands einsetzen können.

Wie können wir zu einem optimalen Gebrauch unseres sechsten Sinnes und unserer Muskeln zurückfinden? Nur, wenn wir uns mit Ruhe und Aufmerksamkeit dem Zustand unserer Muskeln widmen, wenn wir es zulassen, daß neue Bewegungsmuster in unserem Körper stattfinden, und wir den Muskeln, die gegen die Schwerkraft arbeiten, erlauben, ohne zusätzliche Kontraktionen ihren Dienst zu erfüllen. Die geschickten Hände eines Lehrers lassen im Schüler nicht nur den kinästhetischen Sinn erwachen, sie rufen auch neue, günstigere Bewegungsmuster hervor. Das Lernen dieser neuen Sinnes- und Muskelerfahrungen ist im wesentlichen non-verbal. Trotzdem ist ein Buch eine große Hilfe für alle diejenigen, die gerne wissen möchten, was vor sich geht und was man erwarten kann.

In dieser Hinsicht leistet das Buch von Jonathan Drake einen wertvollen Beitrag. In klarer und einfacher Sprache erläutert Drake die Grundzüge der Alexander-Technik. Er beschreibt eine Reihe einfacher Vorgänge, die man in Verbindung mit der notwendigen Körpererfahrung, die die geschulten Hände eines Alexander-Lehrers vermitteln, nachvollziehen und an sich selbst beobachten kann. Das Buch zeichnet sich nicht nur durch den Bezug zur Praxis aus (Beispiele wie Arbeiten am Computer oder das Sitzen beim Autofahren), sondern auch durch viele Illustrationen, die die Anwendung der Technik bei den verschiedenen Bewegungsabläufen zeigen. So ist es unersätzlich für jeden, der sich für die Alexander-Technik interessiert oder Alexander-Stunden nimmt.

Dr. David Garlick
(Dozent an der School of Physiology and Pharmacology, University of New South Wales, Australien)

Einleitung

Dieses Buch ist für jeden, der wissen möchte, wie er seinen Körper besser gebrauchen kann. Die Anwendung der Alexander-Technik macht es möglich, einen großen Teil der Ermüdungserscheinungen, Verspannungen und Schmerzen des täglichen Lebens zu vermeiden.

Wenn Menschen das erste Mal von der Alexander-Technik hören, fragen sie meist, was sie »machen« müssen: Gibt es keine Übungen? Die Antwort ist ganz eindeutig: Nein! Alle körperlichen Übungen – auch das neueste Fitneß-Programm – meistens angefangen, um die Folgen unserer modernen, sitzenden Lebensweise auszugleichen, tragen nur zu den Problemen bei, die sie eigentlich lösen sollen. Was wir wirklich brauchen, ist, wie uns Alexander zeigte, ein radikales Umdenken bei den Aktivitäten *des Alltags*, die wir ganz unreflektiert ausführen.

Eine schöne und harmonische Haltung oder Bewegung fühlt sich gut an und ist eine Freude für das Auge. Für Tiere, die sich auf ihren Instinkt verlassen, ist das eine Selbstverständlichkeit, bei den Menschen unserer zivilisierten Welt aber immer seltener vorzufinden. Als Kleinkinder erlernen wir spontan die grundlegenden Bewegungen, aber im Laufe der Kindheit verlieren die meisten von uns viel von ihrer natürlichen Geschicklichkeit. Untersuchungen an 18jährigen Schauspiel- und Sportstudenten, die eigentlich besser als der Durchschnitt sein müßten, zeigten, daß 80 Prozent von ihnen ihr Studium mit deutlichen bis schweren Haltungsschäden begannen.[2] Die Verfassung der Studenten, denen Krankengymnastik verordnet worden war, verschlechterte sich noch während des Studiums. Nur bei denjenigen, die Alexander-Stunden hatten, gab es eine deutliche Verbesserung.

Es ist traurig, daß unter den modernen Lebensbedingungen der Mißbrauch unseres Körpers so normal geworden ist, daß die meisten von uns gar nichts davon bemerken. Wir meinen, daß wir es uns leisten können, unseren Körper zu mißhandeln, der große Fähigkeiten zur Anpassung besitzt, besonders wenn wir jung sind. Früher oder später jedoch müssen wir den Preis dafür zahlen: streßbedingte Störungen und die Enttäuschung darüber, daß wir wichtige Ziele in unserem Leben nicht erreichen. Ein Hauptgrund dafür ist der Mißbrauch unseres Körpers.

F.M. Alexanders Entdeckung

Frederick Matthias Alexander (1869 – 1955), der Begründer der Alexander-Technik, fand den Schlüssel, mit dem wir unsere natürliche Koordination wiedererlangen können und damit auch eine bessere Funktionsfähigkeit in allen Lebenslagen.

Er stellte fest, daß die Mehrheit von uns sehr bewußt wiedererlernen muß, den Körper im täglichen Leben effektiver einzusetzen. Die von ihm beschriebenen Prinzipien sind ausschlaggebend für eine gute Körperbeherrschung. Sie sind immer noch weitgehend unbekannt oder werden ignoriert oder mißverstanden – gerade von »Experten« wie Ärzten, Physiotherapeuten, Sporttrainern sowie Lehrern der darstellenden Künste.

Abb. 1: F.M. Alexander

schwer faßbare gesunde Menschenverstand im täglichen Leben, den diese Buch näher erläutern möchte.

Der erste Teil des Buches beschreibt Alexanders außergewöhnliche Geschichte und die zunehmende Bedeutung seiner Entdeckungen, Ideen und Experimente für unser Leben. Im zweiten Teil geht es um ihre Anwendung. Bestimmte Bewegungsabläufe werden detailliert beschrieben und illustriert – mit Hilfe eines Alexander-Lehrers kann man sicher gehen, sie genau zu verstehen. Diese grundlegenden Bewegungsmuster erleichtern die Tätigkeiten des täglichen Lebens: von den einfachsten Aufgaben wie Staubsaugen zu den kompliziertesten wie dem Spielen eines Musikinstruments.

Die Alexander-Lehrer und Alexander selbst waren immer eingeschränkt durch die Grenzen der Sprache; mehr noch, intellektuelles Wissen ist kein Ersatz für die subtile (und manchmal verwirrende) Erfahrung einer neuen Koordination, die dem Körper durch einen gut ausgebildeten Alexander-Lehrer vermittelt werden kann. Man würde auch nicht erwarten, sehr weit zu kommen, wenn man versucht, ein Musikinstrument ohne Hilfe zu lernen; und unser Körper ist unser allerwichtigstes Instrument!

Manchmal jedoch kann man keinen Lehrer finden. Dieses Buch wurde aus der Überzeugung heraus geschrieben, daß ein aufgeschlossener Leser, der die wesentlichen Punkte versteht, genug Hilfe bekommt, um die schlimmsten Aspekte eines falschen Körpergebrauchs zu vermeiden. Von meinen Alexander-Schülern wurde mir häufig folgende Frage gestellt: »In der Stunde verstehe ich, was Sie mir zeigen, aber zu Hause vergesse ich es oft und weiß nicht, wie ich es im täglichen Leben anwenden kann.« Können Sie ein Buch empfehlen, daß mir da weiterhelfen kann? Ich mußte zugeben, daß es eine Reihe hervorragender Bücher über Alexanders Ideen

Warum ich dieses Buch geschrieben habe

Dieses Buch möchte die Kluft, die zwischen den grundlegenden Ideen der Alexander-Technik und ihrer praktischen Anwendung besteht, überbrücken. Die Technik wird gelegentlich etwas »mystisch« dargestellt oder in einer Weise, die Alexanders Ideen schwer verständlich erscheinen läßt. Eigentlich jedoch sind sie der »systematisch angewandte, gesunde Menschenverstand« – so jedenfalls genannt in einer Besprechung von Alexanders erstem Buch *Man's Supreme Inheritance*. Es ist dieser oft

11

gibt, jedoch keines mit einer derart detaillierten und praktischen Anleitung, wie meine Schüler sie suchten.[3]

Als ich anfing, die Technik zu lernen, hatte ich glücklicherweise gute Lehrer. Durch ihre Hände vermittelten sie mir eine genaue und direkte Erfahrung einer neuen, guten Körperkoordination. Trotzdem glaube ich jetzt, daß ich schnellere Fortschritte erzielt hätte, wenn ich gewisse Einzelheiten zu einem früheren Zeitpunkt besser verstanden hätte. Man scheint von der Annahme auszugehen, daß der Schüler, wenn er diese Erfahrung des neuen, richtigen Gebrauchs seines Körpers nur oft genug gemacht hat und damit die alten Gewohnheiten überwindet, schließlich schon herausfinden wird, wie er die Alexander-Technik im täglichen Leben einsetzen kann. Das geschah in meinem Fall nur langsam. Eine Anleitung, wie man die Technik im täglichen Leben anwendet, hätte mir sehr geholfen.

Meine Geschichte

Wie vielen Menschen, die mit Alexander-Stunden anfangen, war mir zu Anfang nicht klar, wie groß meine körperlichen Probleme wirklich waren. Ich spielte recht gut Squash, deshalb glaubte ich, daß meine Koordination so schlecht nicht sein könne. Ich verstand nicht, daß man auf einem Gebiet sehr fähig sein, und doch in anderen Bereichen große Schwierigkeiten haben kann. Als meine Lehrer mir rieten, zumindest für eine Weile Sport und Yoga aufzugeben, konnte ich die Gründe nicht verstehen. Nach und nach jedoch wurde meine Sensibilität größer. Ich konnte sehen, wie ich mich bei den sportlichen Aktivitäten verdrehte und verspannte. Der erste Schimmer eines Verständnisses kam auf. Wie Alexander-Lehrer oft sagen: »Es gibt laufend neue Einsichten«.

Bevor ich Alexander-Stunden nahm, hatte ich eine steife Brustwirbelsäule und eine Skoliose (seitliche Verdrehung der Wirbelsäule). Chronische Bronchitis und Lungenentzündung in der Kindheit, das Austragen schwerer Zeitungen als Teenager, die Bevorzugung einer Körperseite durch Sportarten wie Tennis und Squash, alles das, zusammen mit anderen Einflüssen, spielte eine Rolle. Schul- und Universitätszeit trugen noch zur übermäßigen Anspannung und Verkrampfung meines Körpers bei.

Als Medizinstudent beschäftigte ich mich mit der Anatomie des toten Körpers. Später, nachdem ich das Studium abgeschlossen und das Gebiet der Medizin verlassen hatte, widmete ich die größte Aufmerksamkeit dem lebenden Körper: der Harmonie oder Unausgewogenheit in Haltung und Bewegung.

Ich verdanke der Alexander-Technik und ihren Lehrern unendlich viel: unzählige Einsichten zur Verbesserung meiner Gesundheit und meines Wohlergehens während der letzten 10 Jahre. Ich glaube, daß sie mir half, schwerste Rückenschäden zu vermeiden, und daß sie wahrscheinlich auch das Risiko, innere Krankheiten zu bekommen, wesentlich verringerte. Auch halte ich wesentlich mehr aus als früher in meiner Studienzeit und fühle mich wohl, auch wenn das Leben mich sehr belastet und streßt. Vor allem aber habe ich durch die Alexander-Technik ein größeres Selbstvertrauen bekommen, kann mich schneller auf neue Situationen einstellen und Neues aufnehmen.

Wer kann von diesem Buch profitieren?

Dieses Buch ist für jeden, der im täglichen Leben besser zurechtkommen möchte. Alexanders Erkenntnisse können uns allen etwas geben, unabhängig von unserem Hintergrund und unserer Tätigkeit. *In erster Linie ist es als Arbeitsbuch für diejenigen gedacht, die schon Alexander-Stunden haben.* Daneben enthält es nützliche Informationen für:

☐ jemanden, der vielleicht Alexander-Stunden nehmen möchte;
☐ den, der mehr Verantwortung für seine Gesundheit und sein Wohlergehen übernehmen möchte, der die Ermüdungserscheinungen und Schmerzen des täglichen Lebens vermeiden will, der trotz Streß nach Selbstvertrauen und Ausgeglichenheit strebt oder einfach seine Körperform und Koordination verbessern möchte;
☐ Lehrer, Musiker, Schauspieler, Tänzer und Sportler;
☐ Menschen, die ihre Lern- und Aufnahmefähigkeit vergrößern wollen;
☐ jeden, der Rücken- oder Nackenschmerzen hat, an Schulter/Arm- Syndrom, Tennisellbogen oder Überlastungsschäden leidet, wie sie vor allem bei Musikern und Menschen, die an der Schreibmaschine oder am Computer arbeiten, vorkommen; Menschen, die an bestimmten Formen von Arthritis leiden, besonders, wenn die Erkrankung Rücken, Knie oder Hüften betrifft; Menschen mit psychosomatischen oder streßbedingten Krankheiten, wie Kopfschmerzen, Atembeschwerden, Verdauungsproblemen und nervlicher Überanspannung;
☐ alle, die ihre Genesungszeit nach Schwangerschaft, Krankheit oder Unfall beschleunigen möchten;
☐ Menschen, die an Depressionen und Ängstlichkeit leiden;
☐ alle, die Hilfe suchen für die körpergerechte Gestaltung des Wohn- und Arbeitsbereichs, vor allem die Beschaffenheit des Schreibtisches und der Sitzgelegenheiten.

Teil I:
Die grundlegenden Ideen

Ein Individuum erfreut sich nur dann bester Gesundheit, wenn es seinen Körper so gebraucht, daß keinerlei Überbeanspruchung einzelner Teile eintritt. Das bedeutet, daß der Körper im Stehen ganz aufgerichtet sein muß, ohne besondere Belastung einzelner Gelenke, Knochen, Bänder, Muskeln oder anderer Strukturen. Es sollte genügend Platz geben für alle Eingeweide, so daß sie uneingeschränkt funktionieren können.

J.E. Goldthwaite u.a., *Body Mechanics*[4]

1 Was ist ein »guter Gebrauch« des Körpers?

Geist und Körper arbeiten zusammen als Einheit und sind nur schwer zu trennen. Heute wird diese Tatsache allgemein anerkannt, zu Alexanders Zeiten aber war das eine erstaunlich kühne Behauptung. Er prägte den Ausdruck »Gebrauch des Selbst«, um diese Art des Zusammenwirkens von Geist und Körper in *allen* unseren Aktivitäten des täglichen Lebens zu bezeichnen.

Es ist relativ einfach, den Unterschied zwischen beweglichen und geschickten Menschen und eher ungeschickten festzustellen, feine Unterschiede jedoch sind nicht so offensichtlich. Zum Beispiel wird die augenscheinliche Leichtigkeit der Ballettänzer durch große körperliche Anstrengungen erzielt. Die außergewöhnliche Beweglichkeit der Turner wird durch ein häufig gewaltsames Biegen der Gelenke erreicht. Beide Gruppen leiden oft an Verletzungen und schon im frühen oder mittleren Erwachsenenalter an degenerativen Gelenkerkrankungen.

Einige wenige, vom Glück Begünstigte, bringen es fertig, sich lange Zeit ihres Lebens einen wirklich guten Gebrauch ihres Körpers zu bewahren. Man denke nur an Tänzer wie Astaire und Barischnıkow, Pianisten wie Rubinstein oder Horowitz, den Boxer Muhammed Ali oder die Tennisspielerin Steffi Graf.

Merkmale einer vorbildlichen Bewegung

Wissen Sie, wie man die Qualität einer willkürlichen Bewegung beurteilen kann? Hier sind einige nützliche Hinweise:

Abb. 2: Fred Astaire – der Unsterbliche! Welche Leichtigkeit und Eleganz in der Bewegung! (Photo: Rex Features)

☐ *Mühelosigkeit*: es wird nur soviel Kraft eingesetzt wie nötig. Außerdem sollte die Bewegung eher sparsam sein, ohne inneren Widerstand erfolgen, frei sein von übermäßiger Anspannung und Störungen des Atemflusses.

17

Abb. 3: Steffi Graf, Wimbledon 1987. Eine hervorragende Athletin, die hier den kraftvollen und gut koordinierten Einsatz ihres Körpers und ihrer Beine bei einem ihrer klassischen, starken Vorhandschläge zeigt. (Photo: Rex Features)

Es sollte möglich sein, sie oft zu wiederholen, ohne daß Ermüdungserscheinungen einsetzen.

☐ *Umkehrbarkeit*: Man sollte in der Lage sein, die Bewegung zu verlangsamen, anzuhalten und rückwärts auszuführen (Sprünge sind hier ausgenommen!). Ruckhafte Bewegungen, Zittern oder Balanceprobleme sollten nicht auftreten. Wenn eine Bewegung sehr langsam und mit Leichtigkeit ausgeführt werden kann, dann sind auch Kontrolle, große Genauigkeit, Geschwindigkeit und Krafteinsatz möglich[5].

Um dies zu veranschaulichen, betrachten wir doch einmal, wieviel unnötige Kraft die meisten von uns beim Gehen einsetzen. Wenn Sie sich vor einen großen Spiegel stellen und *sehr langsam* einige Schritte machen, werden Sie anfangen zu verstehen, was beim Gehen alles passiert. Beobachten Sie, wie unkontrolliert die Bewegung ist und wie schwer das Gewicht auf der Ferse des vorderen Fußes lastet, wenn Sie einen Schritt nach vorne machen. Wahrscheinlich werden Sie überrascht sein, wie wackelig Ihr Gleichgewicht ist – besonders, wenn Sie versuchen, rückwärts zu gehen! Wenn Sie den Gang Ihrer Mitmenschen beobachten, können Sie unendlich viele persönliche Varianten feststellen. Im allgemeinen jedoch werden Sie wenige harmonische und flüssige Bewegungen sehen. Wir denken nicht darüber nach, *wie* wir uns fortbewegen, denn die meisten von uns haben das Laufen im Alter von etwa einem Jahr gelernt!

In Teil II werden Sie sehen, wie es durch die Alexander-Technik möglich ist, das Gehen – und jede andere Tätigkeit – zu verbessern, auch wenn sich schon lange falsche Gewohnheiten eingeschliffen haben.

Überspezialisierung beim Gebrauch des Körpers

Seit der industriellen Revolution hat sich die Verschiedenartigkeit der Bewegungen, die wir im Laufe unseres Lebens ausführen, sehr verringert. Wir verbringen unser Leben in relativ großer Bewegungsarmut – meistens sitzend – und viele von uns müssen dabei noch sich ständig wiederholende Bewegungen machen. Die Hausarbeit erfordert viel Bücken und begünstigt dadurch die Entwicklung eines Rundrückens. In der Freizeit sackt man nur zu gern erschöpft vor dem Fernseher zusammen. Andere verfallen ins entgegengesetzte Extrem und verbringen das ganze Wochenende mit schwerer Gartenarbeit oder energischem Fitneßtraining.

Leider erfüllen die meisten Formen von »Ausgleichssport« ihren Zweck nicht, sondern verstärken eher Gewohnheiten, die man ändern möchte. Das kann äußerst schädliche Auswirkungen haben. Ein Makler, der als Ausgleich für seinen beruflichen Streß Squash spielte, litt unter Anfällen von schrecklichen Rückenschmerzen. Mit Physiotherapie kam er immer wieder auf die Beine, aber niemand warnte ihn, daß seine Koordination und Haltung erschreckend schlecht waren. Schließlich erlitt er einen Bandscheibenvorfall, der operativ korrigiert wurde. Mit großen Schmerzen im Bereich des stark verkrampften und versteiften unteren Rückens kam er dann zu mir. Die Physiotherapie hatte in seinem Fall nicht geholfen. Es war ihm nicht gelungen, die notwendigen Veränderungen seiner Lebensweise zu vollziehen, um weitere Operationen zu vermeiden. Er steuerte auf eine völlige Entfernung der Bandscheibe mit einer Fusion der betreffenden Wirbel zu.

Ich warnte ihn, daß das wahrscheinlich seine Schmerzen nicht vollständig beseitigen würde und auch zu kompensatorischen Problemen an anderer Stelle des Rückens führen könnte. Auf lange Sicht bestand seine einzige Hoffnung darin, die Hauptursache seiner Schwierigkeiten anzugehen den Mißbrauch seines Körpers.

Ärzte verwenden Begriffe wie Abnützungserscheinungen, Sehnenscheidenentzündung und Überlastungsschäden für die immer häufiger werdenden Beschwerden von an Computern arbeitenden Menschen und Musikern. (Schulter/Arm-Syndrom, Tennisellbogen und Schreibkrampf sind Erscheinungen des gleichen Phänomens.) Die medizinische Erklärung für diese Zustände lautet meist »*Über*anstrengung«, als Behandlung werden Ruhigstellung, schmerzstillende Tabletten, Operationen oder gar Wechsel des Berufs verordnet.

Die Ursprünge der Alexander-Technik

Vor rund 100 Jahren bekam der junge australische Schauspieler F.M. Alexander ein Stimmproblem. Auch seinen Zustand erklärten die Ärzte mit Überanstrengung. Auf der Bühne wurde Alexander in zunehmendem Maße von Heiserkeit gequält. Schließlich versagte seine Stimme völlig, mitten in der Vorstellung. Seine Ärzte gaben ihm den üblichen Rat – völlige Schonung oder operative Behandlung, obwohl nur eine schwache Entzündung seiner Stimmbänder vorlag. Schonung stellte Alexanders Stimme wieder her, aber unter der Anspannung einer Vorstellung drohte sie ihm erneut zu versagen.

Alexander jedoch wollte leidenschaftlich gern seine schauspielerische Laufbahn fortsetzen. Er überlegte, daß irgend etwas, das er mit seiner Stimme machte, seine Schwierigkeiten verursachen müßte. (Seine medizinischen Ratgeber mußten ihm zustimmen.) Da ihm aber niemand genau sagen konnte, was er eigentlich machte, beschloß er, es selbst herauszufinden. Während seiner Experimente wurde ihm klar, daß seine Probleme weniger auf einen übermäßigen Gebrauch seines Stimmapparates, als vielmehr auf einen *Miß*brauch seines ganzen Körpers zurückzuführen waren.

Schließlich fand er heraus, wie er diesen Mißbrauch verhindern konnte und hatte keine weiteren stimmlichen Probleme mehr. Seit seiner Kindheit hatte er an chronischen Gesundheitsstörungen gelitten und jetzt sah er, daß mit dem Wiedererlangen seiner vollen stimmlichen Möglichkeiten auch eine wesentliche Verbesserung seines Gesundheitszustandes einherging. Auch andere Schauspieler, denen er beibrachte, was er

Abb. 4: Alexander beim Spazierengehen. Beachten Sie die Leichtigkeit und Freiheit seiner Haltung und die freie Beweglichkeit aller Beingelenke.

über den Umgang mit der Stimme gelernt hatte, berichteten häufig über eine Verbesserung ihres Allgemeinbefindens.

Alexander kam deshalb zu dem Schluß, daß seine eher zufällige Entdeckung eine weit größere Bedeutung haben mußte als die Lösung bestimmter Stimmprobleme sie darstellt. *Er hatte den Schlüssel zu einer Methode gefunden, die unsere Koordination und damit alle Funktionen unseres Körpers grundlegend verbessern kann.*

Was ist bei unserer Entwicklung fehlgelaufen?

Alexander betrachtete das Problem auch aus evolutionärer und anthropologischer Sicht. Er lehrte uns, daß wir uns nicht länger auf eine nur unterbewußte Steuerung unseres körperlichen Mechanismus verlassen können, gerade in unserer sich so schnell ändernden Welt. Wir brauchen eine *bewußtere* Steuerung unseres »Selbst« als unsere Vorfahren, die Jäger und Sammler oder auch die ersten Bauern.

Natürlich gibt es nicht nur einen einzigen Grund für den, bei fast allen Menschen nun überall auftretenden Mißbrauch des Körpers, aber die folgenden Faktoren spielen eine Rolle:

☐ *relativ unbewegliche Haltung und häufige Wiederholung derselben Bewegung* (Turn- und Gymnastikübungen eingeschlossen); diese Wiederholungen nutzen den Körper besonders ab, da er unökonomisch eingesetzt wird.

☐ *Seelische Belastungen* haben ihren Niederschlag in körperlichen Spannungen, die ihrerseits auch das Gefühlsspektrum eines Menschen eingrenzen. Zum Beispiel wird eine Depression von einer niedergedrückten, zusammengekrümmten Haltung begleitet, die einen Mangel an Vitalität hervorruft, der wiederum die seelischen Probleme verstärkt. Auf diese Weise kann die Depression zum Dauerzustand werden.

Wie wir unsere Persönlichkeit empfinden, ist

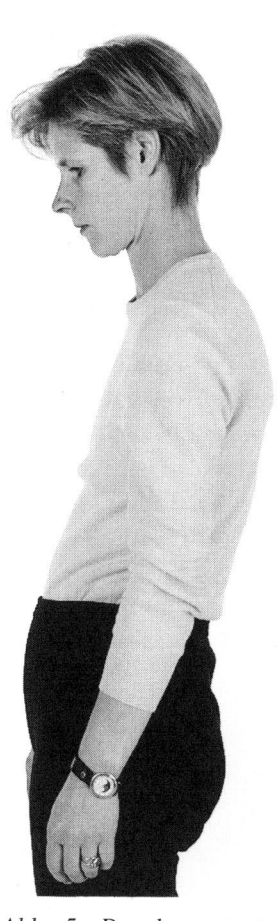 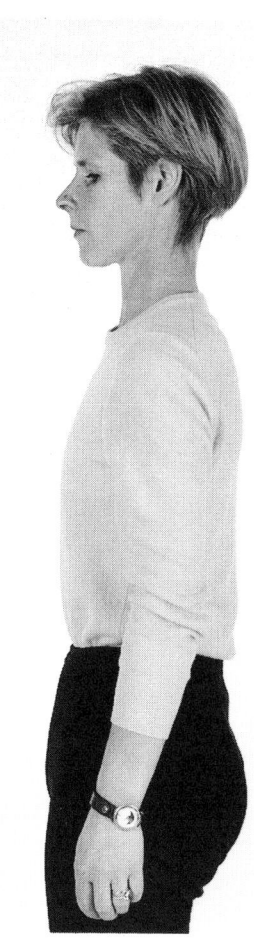 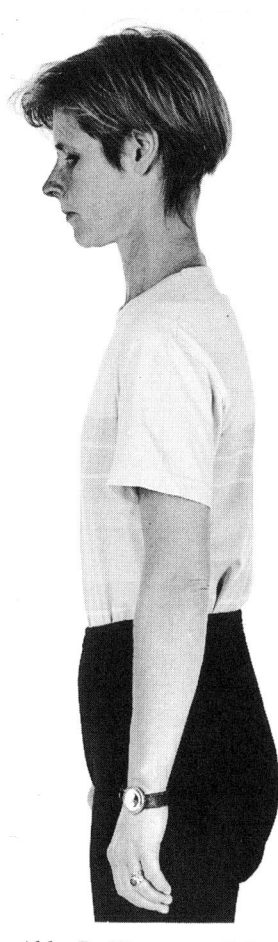

Abb. 5: Der hervortretende Bauch wird durch die schlechte, zusammengesunkene Haltung hervorgerufen

Abb. 6: Das Einziehen des Bauches und das Zusammenkneifen der Gesäßmuskulatur führt zu einer allgemeinen Verspannung.

Abb. 7: Ein guter Gebrauch des Körpers und ein harmonischer Muskeltonus korrigieren den übermäßig hervortretenden Bauch.

eng mit der Art und Weise verbunden, wie wir uns halten. Durch die Körpersprache senden wir oft unterbewußt Signale aus, durch die wir eine bestimmte Reaktion anderer auf uns zu erreichen suchen.

☐ *Nachahmung:* Während wir heranwachsen, ahmen wir alle wichtigen Menschen in unserem Leben nach – Eltern, Lehrer, populäre Musiker, Mannequins, usw. Man kann sich oft dabei ertappen, die Haltung eines Mitmenschen nachzuahmen, besonders wenn man, auf welche Weise auch immer, mit ihm verbunden sein möchte. Da wir von allen Seiten, in den Medien und im täglichen Leben, von Beispielen mangelhafter Körperbeherrschung umgeben sind, verlieren wir nur zu leicht den Sinn für eine schöne Körperform und -bewegung, deren Beurteilung sich heute nur auf durchtrainierte Muskeln und das jeweils gültige Schlankheitsideal stützt.

☐ *Kompensation* bei Schwangerschaft, Unfall, Verletzung oder Krankheit; durch Schonung eines verletzten Körperteils oder durch lange Bettruhe bei chronischer Krankheit kann der ganze Körper aus der Balance geraten. Solche kompensatorischen Bewegungen können zur Gewohnheit und beibehalten werden, auch wenn sie schon lange nicht mehr nötig sind. Je älter wir werden, desto mehr geraten wir »aus der Form«.

Welche Gründe wir auch für die Entstehung unserer spezifischen Probleme beim Gebrauch unseres Körpers haben, die Alexander-Technik kann unsere Schwierigkeiten lösen. Alexanders Entdeckungen helfen immer mehr Menschen, schwerwiegende Gesundheitsstörungen zu vermeiden und ihre Lebensziele direkter und effektiver zu verfolgen. Fortgeschrittenes Lebensalter ist kein Hinderungsgrund, die Technik zu erlernen. Für ältere Schüler kann der Lernprozeß länger sein, aber sie sind oft besser motiviert als jüngere, für die es leichter ist, die möglichen Konsequenzen ihrer Lebensweise zu ignorieren. Bevor wir uns damit befassen, wie wir den Gebrauch unseres Körpers verbessern können, müssen wir noch näher auf den Schlüssel zur guten Körperbeherrschung eingehen, den Alexander die »Primärkontrolle« nannte.

2 Die Primärkontrolle

Alexander hatte keine Ausbildung in Anatomie und Physiologie, aber seine Bücher zeigen, daß er sich im Laufe der Jahre gut fundierte biologische Kenntnisse erwarb, die seine Argumentation und seine Beobachtungen unterstützen. Seine scharfe Beobachtungsgabe, die er wahrscheinlich seiner Kindheit im australischen Busch und seiner Liebe zu Pferden und wilden Tieren verdankte, war bestimmt einer der wesentlichen Faktoren, der ihm half, den Schlüssel zu einer guten Koordination zu entdecken. *Vermutlich war er deshalb in der Lage, das Wesentliche zu sehen, das ihm, wäre er mit detaillierten Kenntnissen der menschlichen Anatomie ausgestattet gewesen, vielleicht entgangen wäre.* Nikolas Tinbergen, der 1973 die Hälfte seiner Rede beim Empfang des Nobelpreises für Medizin und Physiologie einer Schilderung der Alexander-Technik widmete, sagte von Alexander:

> Diese durch Beobachtungsgabe, Intelligenz und Ausdauer von einem Mann ohne medizinische Ausbildung gewonnenen Ergebnisse gehören zu den echten Heldentaten in der Geschichte der medizinischen Praxis und Forschung.[6]

John Dewey, der amerikanische Philosoph und Pädagoge, wurde nicht unwesentlich durch seine Stunden bei Alexander beeinflußt. Er schrieb die Vorworte zu drei von Alexanders Büchern und stellt fest:

> Nachdem ich einige Jahre lang Alexanders Ideen studiert und praktisch angewendet habe, verbürge ich mich dafür, daß er zur Erforschung unserer Bewegungsmechanismen, unserer Ideen

und Auffassungen von uns selbst die gleichen Methoden und Experimente angewandt hat, die seit jeher die Quellen allen wissenschaftlichen Fortschritts sind[7].

Alexanders erste Beobachtungen und Experimente

Da niemand Alexander genau sagen konnte, wie er eigentlich seine Stimme bei Rezitieren negativ beeinflußte – abgesehen von der Tendenz, am Ende des Satzes die Luft laut einzuziehen – benutzte er eine Kombination von mehreren Spiegeln, um seine normale Sprechweise und die beim Rezitieren zu untersuchen. Er bemerkte, daß er dazu neigte, den Nacken zu verkrampfen, den Kopf zurückzuziehen, Brust und Schultern anzuheben und den unteren Rücken durchzudrücken. Daraus resultierte eine deutliche Verkürzung seiner ganzen Gestalt sowie ein schädlicher Druck auf Stimmbänder und innere Organe. Schließlich erkannte er, daß die übermäßige Spannung durch seinen ganzen Körper bis zu den Füßen ging – er versuchte, sich mit den Füßen auf dem Bühnenboden festzukrallen. Diese charakteristischen Verspannungen waren in unterschiedlichen Graden immer vorhanden, abhängig vom Ausmaß des Stresses, unter dem er stand.

Zunächst versuchte Alexander erfolglos, alles auf einmal zu ändern. Nach vielen vergeblichen Experimenten aber entdeckte er, daß das Verhältnis von Kopf und Nacken eine Schlüsselrolle bei der gesamten Koordination des Körpers spielte. Wenn es ihm gelang, den Kopf in eine gut ausbalancierte Haltung zu bringen, konnte er auch die übrigen Verspannungen und Fehlhaltungen reduzieren.

Diese Art von Mißbrauch des Körpers, die Alexander an sich beobachtete, ist so weit verbreitet, daß sie uns normalerweise nicht auffällt, weder bei uns selbst noch bei den anderen. Wenn man jedoch die Bewegung beim Aufstehen und Hinsetzen, einem nicht unerheblichen Positionswechsel, beobachtet, kann man dieses ungünstige Bewegungsmuster deutlich sehen. Stellen Sie sich einen Stuhl schräg vor einen großen Spiegel,

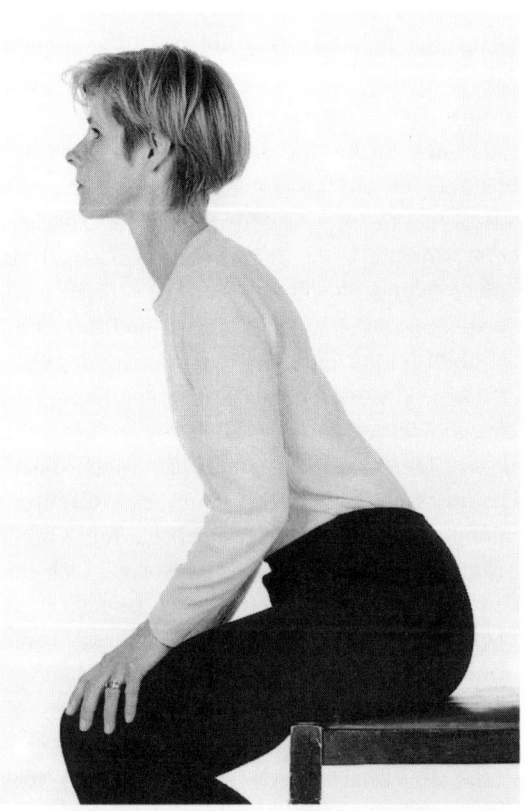

Abb. 8: Der allgemein übliche Mißbrauch des Körpers besteht aus einem steifen Hals, nach hinten gezogenem Kopf, angehobenem Brustkorb und durchgedrücktem Rücken.

und betrachten Sie sich beim langsamen Hinsetzen und Wiederaufstehen. Wahrscheinlich werden Sie sehen, daß Sie Ihren Kopf dabei nach hinten und unten zwischen die leicht angespannten und angehobenen Schultern ziehen. (Gelegentlich geschieht auch das genaue Gegenteil – das Kinn wird nach unten zur Brust gezogen). Mittels dieser, so oft am Tag ausgeführten Bewegung, läßt sich gut demonstrieren, wie die meisten von uns bei *allen* alltäglichen Aktivitäten tagaus, tagein ihren Körper »mißhandeln«.

Die Schreckreaktion

Der Ablauf bei der Schreckreaktion unterstreicht Alexanders Beobachtung, daß das Verhältnis von Kopf und Nacken von entscheidender Bedeutung für die gesamte Koordination ist. Bei plötzlichem Erschrecken entstehen Verspannungen im ganzen Körper, die nach einem stereotypen Muster ablaufen. Mit Hilfe der experimentellen Psychologie kann man die Verteilung dieser muskulären Verspannungen, die als Reaktion auf ein lautes, unerwartetes Geräusch auftreten, an einer Versuchsperson messen. Die Anspannung beginnt im Nacken, wobei der Kopf zurück und die Schultern nach oben gezogen werden. Täglich kann man das an Beispielen im Fernsehen studieren, wenn politische oder religiöse Demagogen versuchen, die Massen zu erreichen. Je älter der Mensch wird, desto mehr »versinkt« der Kopf zwischen den Schultern: das Resultat eines Lebens, das in nie völlig gelösten Reaktionen auf Streß verbracht wird.

Die Primärkontrolle

Alexander benutzte den Ausdruck »Primärkontrolle« für das besondere Verhältnis von Kopf, Hals und Rücken, das die Koordination des übrigen Körpers beeinflußt. Wenn der Kopf leicht

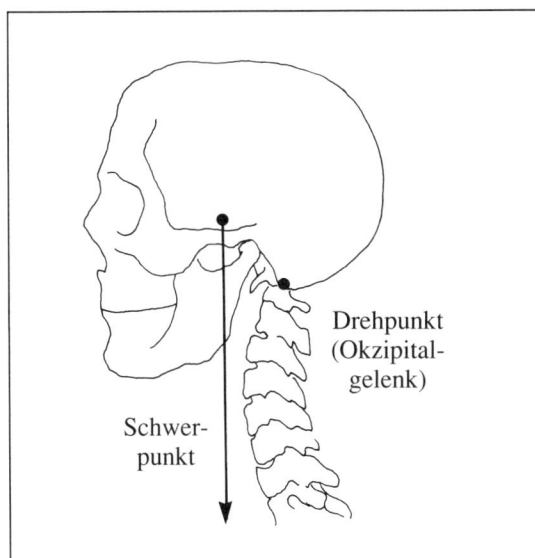

Abb. 9: Der Schwerpunkt des Kopfes ist vor seinem Drehpunkt oben auf der Halswirbelsäule.

und frei auf dem Hals ausbalanciert ist, dann kann sich der Oberkörper längen und weiten, anstelle verkürzt und verengt zu sein, und die Bewegung und Koordination aller Glieder wird wesentlich erleichtert.

Betrachten wir einmal diesen Balanceakt des Kopfes auf dem Hals. Bei einem Erwachsenen wiegt der Kopf 3 bis 4 kg – das entspricht drei großen Tüten Mehl – ein recht beachtliches Gewicht, das von einer dünnen Säule getragen werden muß! Bei Babys ist das Gewicht des Kopfes im Vergleich zum Gewicht des übrigen Körpers sogar noch größer; dennoch entwickelt sich bei gesunden Kindern die Kontrolle über die Kopfhaltung ohne Schwierigkeiten. Der Schwerpunkt des Kopfes liegt jedoch etwas vor seinem Auflage- und Drehpunkt beim ersten Halswirbel. Deshalb fällt der Kopf einer im Sitzen einschlafenden Person auch nach vorne.

Die Balance des Kopfes wird durch die Zusammenarbeit der ganzen Halsmuskulatur erreicht, besonders wichtig aber sind die Muskeln, die vom *Hinterkopf* ausgehen. Hier kann man zwei Gruppen von Muskeln unterscheiden – große und kleine. Bei den meisten Menschen sind die großen Muskeln viel zu sehr angespannt und ziehen den Kopf durch die Verbindungen dieser Muskeln zu den Schulterblättern und Schlüsselbeinen nach hinten und *unten*. Man kann sehen, wie diese Muskelpartien hervortreten, wenn größere Anstrengungen unternommen werden oder die Schreckreaktion ausgelöst wird.

Wenn Sie beim Aufstehen oder Hinsetzen eine Hand in Ihren Nacken legen – mit dem kleinen Finger am Schädelrand und dem Daumen auf dem oberen Rand des Schulterblattes – können Sie diese Anspannung spüren. Mit an Sicherheit grenzender Wahrscheinlichkeit können Sie die Kontraktionen der großen Muskeln fühlen und die Spanne Ihrer Hand verkleinern, da sich Ihr Kopf und Hals, vor allem an seinem Unterrand, zurückbiegt. Das ist eine unnötige Kraftverschwendung, die außerdem schädliche Spannungen im ganzen Körper verursacht.

Die Gruppe der kleineren Muskeln, die subokzipitalen Muskeln, liegt tiefer. Diese Muskeln erstrecken sich vom Unterrand des Schädels zum ersten und zweiten Halswirbel. Sie sind die eigentlich für die feine Balance des Kopfes zuständigen Muskeln; leider wird ihre Funktion aber nur zu oft durch den übermäßigen Gebrauch der großen Muskeln gestört.

Seit Alexander unsere Aufmerksamkeit auf die Bedeutung der Primärkontrolle gelenkt hat, hat das physiologische Wissen sehr zugenommen, und man hat noch einige zusätzliche Entdeckungen gemacht, die die Richtigkeit von Alexanders Ideen unterstreichen.[8] Man weiß nun, daß in den subokzipitalen Muskeln die größte Dichte eines besonderen Sinnesorgans (den Propriorezeptoren) vorliegt, verglichen mit allen anderen Mus-

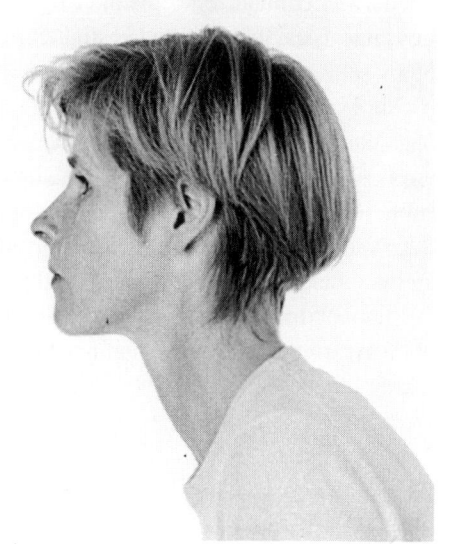

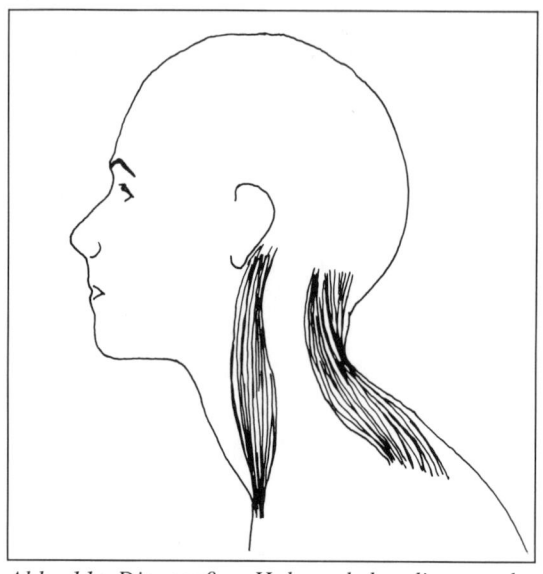

Abb. 10: Überbeanspruchung der großen Halsmus-keln.

Abb. 11: Die großen Halsmuskeln, die von der Schädelbasis über den Hals zum Rücken gehen.

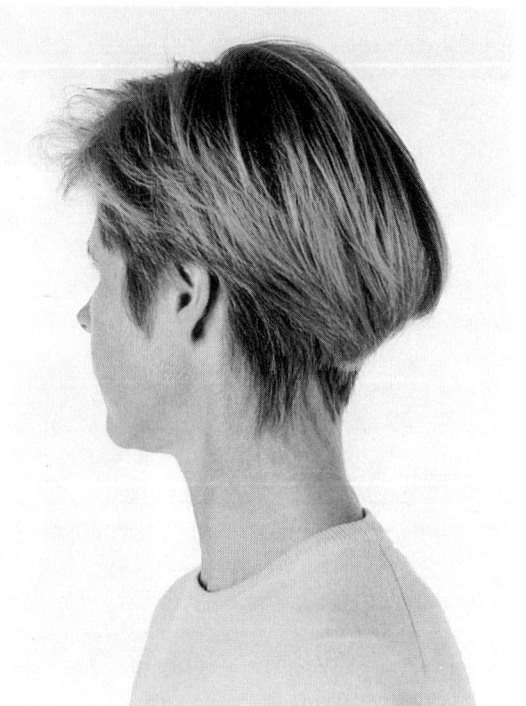

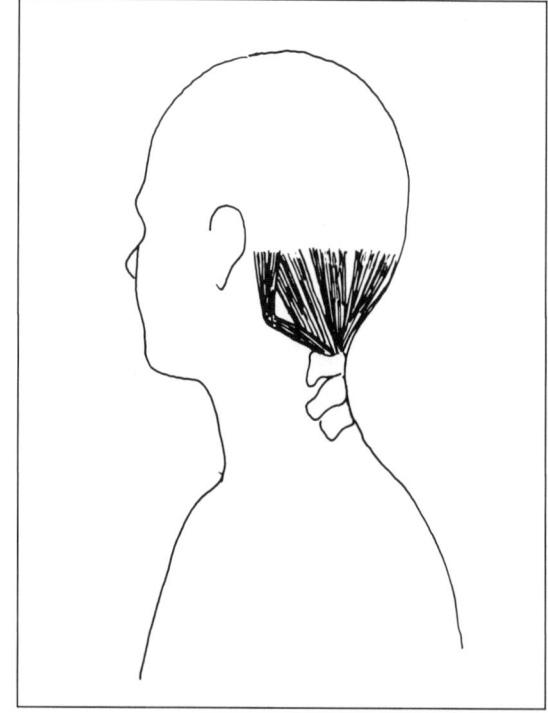

Abb. 12 und 13: Die kleinen, subokzipitalen Muskeln, die für die fein ausbalancierte Haltung des Kopfes zuständig sind.

keln des Körpers – die Muskeln der Hand eingeschlossen. Die Propriorezeptoren registrieren Änderungen der Muskelspannung; in den Gelenken tragen sie zur Wahrnehmung bei, wie die einzelnen Körperteile im Verhältnis zueinander liegen. Sie sind Teil des Lagen- oder *kinästhetischen Sinnes* – unser wichtiger und vergessener sechster Sinn. Übermäßige Anspannung der großen Muskeln erschwert das Unterscheidungsvermögen für die Bewegungen des Kopfes oder macht es sogar ganz unmöglich.

Wenn die Primärkontrolle funktioniert wie sie funktionieren sollte, dann erhalten alle Bewegungen unseres Körpers eine andere Qualität. Sie werden weicher, leichter und müheloser, die muskulösen Spannungen werden auf das notwendige Maß reduziert und auf die Gelenke wird weniger Druck ausgeübt. Für geschulte Hände hat vor allem das Rückgrat eines gut koordinierten Menschen eine außerordentliche Qualität fließender, lebendiger Beweglichkeit, ganz im Gegensatz zu der Schwere und Festigkeit im Körper eines schlecht koordinierten, nach unten in sich hinein gezogenen Menschen.

Man kann sich den Körper als ein »Stapelsystem« vorstellen, in dem ein Teil auf dem anderen ruht. Die Organisation eines gut funktionierenden Körpers kann man mit dem »Aufhängesystem« einer Marionette vergleichen: Die zentrale Aufhängevorrichtung ist am Kopf, von dem alle anderen Körperteile ausgehen. Die Gelenke sind locker, da sich die Gelenkoberflächen voneinander weg bewegen können.

Um eine derart optimale Koordination zu erreichen, müssen wir also zuerst das richtige Verhältnis von Kopf, Hals und Rücken wiederherstellen – die Primärkontrolle. Im nächsten Kapitel werden wir uns mit der Methode beschäftigen, die Alexander zu diesem Zweck entwickelt hat.

3 Wie kann man sich ändern?

Man kann sich nicht ändern und doch derselbe bleiben, obwohl sich gerade das die meisten Menschen wünschen.[9]

Patrick J. Macdonald

Sich ändern bedeutet, eine Tätigkeit gegen die Macht der lebenslangen Gewohnheit auszuführen.[10]

F.M. Alexander

Unzuverlässige Sinneswahrnehmung und die Macht der Gewohnheit

Zunächst glaubte Alexander, daß es verhältnismäßig einfach sein würde, das richtige Verhältnis von Kopf, Hals und Rücken herzustellen, obwohl er jetzt sah, daß die ungenügende Primärkontrolle ein weit verbreitetes Übel aller Menschen war. Die Schwierigkeit, der er sich gegenübersah, als er sein Bewegungsmuster ändern wollte, setzte sich aus zwei, miteinander verwandten Komponenten zusammen.

Um das Zurückziehen des Kopfes zu vermeiden, probierte Alexander zuerst das genaue Gegenteil, was wahrscheinlich jeder getan hätte: Er versuchte, seinen Kopf vorne und oben *zu halten*. Er stellte jedoch fest, daß er entweder seinen Nacken versteifte und seinen Kopf in einer Stellung fixierte, oder aber er hielt ihn nach vorne und unten. Kurz, es gelang ihm nur, seine ungünstige Koordination durch eine andere Art schlechter Koordination zu ersetzen. Er erkannte nun, daß die *Macht der Gewohnheit* wesentlich stärker war, als er gedacht hatte. Die Anspannung

beim Rezitieren ließ selbst in den eigenen vier Wänden immer wieder das charakteristische Bewegungsmuster entstehen, von dem er jetzt wußte, daß es seine Stimmprobleme verursachte, egal, wie sehr er sich auch bemühte, dies zu verhindern.

Einige Male glaubte er, daß es ihm gelungen wäre, den Kopf nicht zurückzuziehen. Sobald er dies jedoch durch einen Blick in die Spiegel kontrollierte, sah er, daß das, was sein Gefühl ihm sagte, nicht mit der Wirklichkeit übereinstimmte. Das andere Hindernis für eine wirkliche Änderung war also seine Gewohnheit, sich auf den kinästhetischen Sinn zu verlassen, der jedoch als unterbewußt ablaufender Prozeß nur eine sehr unzuverlässige Rückmeldung über seinen körperlichen Zustand gab.

Die *Unzuverlässigkeit der Sinneswahrnehmung* hat zwei Aspekte: Zum einen kann der schlechte Gebrauch eines bestimmten Körperteils so gravierend sein, daß das Gehirn einfach nicht mehr registriert, was vorgeht, wie zum Beispiel bei runden, hängenden Schultern mit der entsprechenden Buckelbildung im Bereich der Brustwirbel. Oder aber das Gehirn interpretiert die erhaltene Information falsch, mehrere Beispiele dafür werden wir im zweiten Teil sehen. *Es scheint, daß unser Gehirn die Information, die es beim gewohnheitsmäßigen (d.h. meistens schlechten) Gebrauch des Körpers empfängt, als ideal und gut registriert. Das zeigt deutlich, mit welchen Schwierigkeiten man zu kämpfen hat, wenn man ein neues Bewegungsmuster ohne die Hilfe eines Alexander-Lehrers lernen möchte.*

Das klassische Beispiel für diese Art der Täuschung ist der Fall eines behinderten Kindes, das von seiner Mutter zur Beurteilung zu Alexander gebracht wurde. Nachdem Alexander den verdrehten Körper des Mädchens aufgerichtet und (im Rahmen der Möglichkeiten) gerade ausgerichtet hatte, drehte sich das Kind zu seiner Mutter um und sagte »in einem unbeschreiblichen Tonfall: ›Oh, Mami, er hat mich ganz aus der Form gebracht!‹« [11]

Alexander machte nach vielen vergeblichen Versuchen die ersten Fortschritte, als er erkannte, daß *die angestrebte neue Haltung sich zuerst unangenehm und falsch anfühlen würde, einfach nur, weil sie ungewohnt war.* Nehmen wir ein einfaches Beispiel für dieses Tatsache: Legen Sie das Buch für einen Moment aus der Hand und kreuzen Sie die Arme vor der Brust. Nehmen Sie sie wieder auseinander und versuchen Sie danach, Ihre Arme genau anders herum zu kreuzen. Falls Sie nicht beidhändig sind, wird sich die ungewohnte Haltung merkwürdig und unbequem anfühlen, ja wahrscheinlich mußten Sie nach unten sehen und genau überlegen, wie die Arme zu kreuzen waren! Es gibt keinen einleuchtenden Grund, warum die andere Bewegung sich derart falsch anfühlt, dennoch ist genau das bei den meisten Menschen der Fall.

Weitere Versuche zeigten Alexander, daß das ungünstige Bewegungsmuster seinen Körper schon völlig ergriffen und verspannt hatte, wenn er nur den Mund öffnete, um zu rezitieren. Betrachten wir ein Beispiel aus unserem Leben: Auf langen Autofahrten, besonders, wenn man es eilig hat und im Stau steckt, entsteht häufig ein quälender Schmerz im Bereich des Nackens und der Schultern. Wie sehr man auch versucht, den Schmerz durch Hin- und Herbewegen des Kopfes zu lindern, der Schmerz wird erst vergehen, wenn man die Gelegenheit hat, das Auto zu verlassen und sich hinzulegen oder und eine völlig andere Tätigkeit zu beginnen.

Alexander kam einen großen Schritt weiter, als er sich die Frage stellte: Wann genau entstehen eigentlich die typischen Verspannungen in meinem Körper? Er erhielt die Antwort, als er vor seinen Spiegeln stand: Sie begannen schon dann, wenn er überhaupt *nur daran dachte, mit dem Rezitieren anzufangen.* Er konnte deutlich sehen, wie sich sein Körper beim bloßen Gedanken ans Rezitieren verspannte. Deshalb, überlegte er, mußte er etwas in seinem Denkprozeß ändern. In dem Moment, in dem er etwas tun wollte, was das habituelle Verhaltensmuster in seinem Körper auslösen würde, beschloß er, innezuhalten und »Nein« zu sagen zur gewohnten Reaktion. Er nannte diesen Vorgang *Inhibition*. Die Inhibition oder das Innehalten ist der erste notwendige Schritt, um ungünstige Bewegungsmuster zu verhindern und so neue, bessere zu ermöglichen.

Die Inhibition – handeln oder nicht handeln?

Ein altvertrauter Stimulus wird fast immer eine gewohnheitsmäßige, automatische Reaktion auslösen. Ein hitzköpfiger Jugendlicher begeht schnell eine Tat, die er später bereut, im Gegensatz zum nachdenklichen Abwarten eines reiferen Menschen, der in einer gegebenen Situation vielleicht davon absieht, aktiv zu werden. Eine Katze, die ihrer Beute auflauert und den rechten Moment zum Sprung abwartet, ist ein hervorragendes Beispiel für Inhibition im Tierreich, auch wenn man bedenkt, daß das Verhalten der Katze hauptsächlich vom Instinkt gesteuert ist. In den Kursen, die ihren Teilnehmern zu größerem Selbstvertrauen verhelfen sollen, ist eine der wichtigsten Übungen zu lernen, daß man ein ebenso großes Recht hat, »Nein« zu sagen wie »Ja«.

Man vergißt leicht, daß man in jeder Situation, wie begrenzt die Reaktionsmöglichkeiten auch sind, doch eine gewisse Wahlmöglichkeit hat. Die gewohnheitsmäßige Reaktion (R_g) kann richtig sein als Antwort auf einen vertrauten Stimulus (S). Manchmal wäre aber eine andere Reaktion besser, oder aber es wäre gut, überhaupt nicht zu reagieren (R_0), was allerdings voraussetzt, daß man sich Zeit nimmt anzuhalten und nachzudenken. Es kann auch eine ganze Reihe möglicher Handlungsweisen geben ($R_{1,2,3}$ usw.), die man alle in Erwägung ziehen sollte. Logischerweise haben wir also in jedem Moment folgende Möglichkeiten:

$S \rightarrow R_g$

$S \rightarrow R_0$

$S \rightarrow R_{1,2,3}$ usw.

Der erste Schritt zur Veränderung ist also der Erwerb der Fähigkeit, eine habituelle Reaktion zu verzögern oder ganz zu verhindern. Das ist einfacher gesagt als getan. Alexander fordert deshalb, daß »unser bewußtes Denken schneller werden müsse«.[12] In diesem Zusammenhang sind die relativ neuen Forschungsergebnisse des Physiologen Libet[13] interessant. Er zeigte, daß das Gehirn etwa 3/10 Sekunden braucht, um für eine Aktivität der willkürlichen Muskeln bereit zu sein, aber daß man nur während der nächsten 2/10 Sekunden – während dieser Zeit wird der Wille zur Aktion bewußt – die normalerweise automatisch folgende Ausführung der entsprechenden Tätigkeit widerrufen kann.

So gibt uns die Inhibition die Gelegenheit, bis zum letzten Moment, in dem wir handeln müssen, aus den gegebenen Reaktionsmöglichkeiten frei zu wählen. Dieses Aufschieben einer Handlung oder das »Nicht-Tun« gibt uns die Chance, unser körperliches (und seelisches) Gleichgewicht wiederzuerlangen, da wir auf diese Weise die subtilen Änderungen wahrnehmen können, die uns sagen, ob wir auf einen Stimulus mit übermäßiger Anspannung reagieren. Alexander behauptete, daß man, wenn man in der Lage ist, gewohnheitsmäßige Reaktionen zu verhindern, schnell und leicht bemerkenswerte Veränderungen in seinem Leben erreichen kann, daß man aber, wenn man versucht, ein neues Verhaltensmuster auf ein altes »aufzupflanzen«, nur Konflikte heraufbeschwört.

Sehr oft ist es unser Hauptanliegen, unser Ziel zu erreichen, auch wenn solches »Zielstreben« – wie Alexander es nennt – zu extremen Anstrengungen und körperlichen Verspannungen führt. Die Inhibition verhindert, daß »wir uns selbst davonlaufen«; statt dessen können wir unser Ziel viel leichter und müheloser erreichen, wenn wir uns um die »Mittel wodurch«, d.h. den Prozeß, den Weg zum Ziel kümmern.

Es sollte möglich sein, die automatische Reaktion zu verzögern – vielleicht einen Augenblick lang, vielleicht für immer. Auf diese Weise entsteht Raum für Spontaneität und Kreativität, da alte, gewohnheitsmäßige Reaktionen verhindert werden können.

Die Anweisungen

Auch als Alexander sein habituelles Bewegungsmuster verhindern konnte, wenn er ans Rezitieren dachte, waren immer noch die Reste der ursprünglichen, schlechten Gewohnheiten vorhanden. Das Gehirn sendet ständig Mitteilungen an die verschiedenen Körperpartien, um Reaktionen hervorzubringen und zu kontrollieren; auch bei den willkürlichen Muskeln ist dies ein weitgehend unterbewußter Prozeß. Um nun auch seine restlichen Verspannungen noch zu beseitigen, entwickelte Alexander ein System von gedanklichen *Anweisungen*, die bewirkten, daß er seine gute Koordination (die Primärkontrolle) während des Rezitierens aufrecht erhalten konnte (s. Tabelle unten).

Bei den Anweisungen handelt es sich um *bewußte* Mitteilungen des Gehirns an die entsprechenden Körperpartien, die die Koordination begünstigen und einen schlechten Gebrauch verhindern. (Später werden wir auch noch die untergeordneten Anweisungen, die an die Glieder gerichtet sind, eingehend besprechen.) Die Anweisungen werden mit der Zeit immer klarer und einleuchtender und – *vor allem mit der Hilfe eines kompetenten Lehrers* – auch schneller umzusetzen sein.[14]

Im zweiten Teil des Buches werden die Anweisungen noch näher erklärt. Hier an dieser Stelle möchte ich Ihre Aufmerksamkeit besonders auf die Formulierungen »ich lasse« bzw. »ich erlaube« richten; sie sollen deutlich machen, daß es hier nicht um eine direkte, mit Muskeltätigkeit verbundene Handlung geht. Natürlich wird eine gewisse Muskelaktivität stattfinden, die ist jedoch so gering, daß sie in den meisten Fällen unter der Wahrnehmungsschwelle liegt. Außerdem müssen die Anweisungen in der Reihenfolge gegeben werden, in der sie auch in der Tabelle aufgeführt sind. Mit der Zeit jedoch werden sie alle zur gleichen Zeit wirksam werden können. Es ist ähnlich wie beim Autofahren: Zunächst sind die Aktivitäten schlecht koordiniert, manch-

mal auch in falscher Reihenfolge, und man würgt auch mal den Motor ab, mit zunehmender Geschicklichkeit aber läuft alles reibungslos und automatisch ab.

Beispiele für durch Anweisungen gesteuerte Bewegungen

Wie kommt es, daß man durch Gedanken eine deutliche Änderung in seinem körperlichen Bewegungsmuster erzielen kann? Der bedeutende Neurophysiologe Sir Charles Sherrington hat aufgezeigt, wie jede Nervenbahn, die vom Gehirn ausgeht, in einem Muskel endet. Auch das folgende Beispiel von Patrick Macdonald[15] (einer der Alexander-Lehrer, die noch von Alexander selbst ausgebildet wurden), kann Ihnen helfen, die Wirkungsweise der Anweisungen zu verstehen: Bewegen Sie einen Zeigefinger ein wenig in der Luft, dann umfassen Sie ihn mit den Fingern der anderen Hand und ziehen ihn sanft etwas in die Länge. Wenn Sie jetzt die Hand loslassen und den Finger wieder etwas bewegen, sollten Sie noch für eine Weile das Gefühl einer angenehmen Dehnung in diesem Finger spüren. Eine bewußt gesteuerte Bewegung zeichnet sich im Vergleich zur gewöhnlichen durch diese Freiheit und Leichtigkeit aus. Auch wenn eine *gewisse* Kraft notwendig ist,

Die schlechten Gewohnheiten	*Die Anweisungen*
Steifer Nacken	Ich lasse meinen **Hals frei**
Kopf nach hinten gezogen	damit mein **Kopf nach vorne und oben** gehen kann
Oberkörper verkürzt und verengt	damit mein **Rücken** sich **längen** und **weiten** kann

kann man deutlich die gelenkte und die nicht gesteuerte Bewegung unterscheiden, wie folgendes Beispiel, das Sie mit Hilfe eines Partners nachvollziehen können, zeigt: Heben Sie einen Arm gerade vor Ihrem Körper hoch, die Handfläche nach oben, bis fast auf Schulterhöhe. Dann bitten Sie Ihren Partner, eine Hand an Ihren Oberarm zu legen, direkt oberhalb des Ellbogens, die andere unter Ihren Unterarm in Nähe des Handgelenks. Seine Aufgabe ist es, Ihren Arm im Ellbogengelenk zu beugen. Zunächst widersetzen Sie sich diesem Versuch so sehr Sie können, während Ihr Partner *langsam* und *stetig* den Druck verstärkt – es sollte sich niemand verletzen. Beißen Sie die Zähne zusammen, ballen Sie Ihre Fäuste und spannen Sie alle Muskeln an!

Dann gehen Sie vollständig anders an diese Aufgabe heran. Entspannen Sie Ihre Kiefer- und Halsmuskulatur, öffnen Sie Ihre Fäuste und machen Sie sich klar, daß Sie Ihren Arm nur »in die Länge« denken müssen, als ob er aus dem Schultergelenk heraus zu den Fingerspitzen hin noch etwas wachsen könne. Denken Sie weiter an diesen Prozeß der Längung, während Ihr Partner versucht, Ihren Arm zu beugen.

Wahrscheinlich werden Sie feststellen, daß es recht schwierig für Ihren Partner war, den durch Gedankenkontrolle ausgerichteten Arm zu beugen, während der versteifte Arm relativ leicht zu bewegen war. Wenn Sie jetzt die Rollen tauschen, können Sie den auffallenden Unterschied in der Kraftverteilung beim ersten und zweiten Versuch am Arm Ihres Partners spüren. (Beachten Sie bitte, daß ein durch Anweisungen gesteuerter Arm nicht »entspannt« ist, dann würde er nämlich locker herabhängen. Alexander war sehr gegen das Konzept der Entspannung, wie es die meisten verstehen – nämlich als ein bloßes Hängenlassen und Zusammenfallen, das wohlkoordinierte Bewegungen verhindert.)

Die physiologische Erklärung für diesen außerordentlichen Unterschied beruht auf der Tatsache, daß ein Muskel einer bestimmten Länge mehr Kraft hat als ein sehr verkürzter, zusammengezogener Muskel. Dasselbe Prinzip gilt auch für die Muskelgruppen von Kopf, Hals und Rücken, die zur Primärkontrolle gehören. Nur dauert es hier länger, bis man ähnliche Ergebnisse erreicht; über 100 Gelenke sind beteiligt. Bevor man größere Fortschritte erzielt, müssen erst viele kleine Schritte erfolgt sein. Aber mit der Zeit werden die notwendigen und richtigen Veränderungen eintreten, wenn man erst durch die Anweisungen eine gute Primärkontrolle erreicht hat.

Konzentration kontra Aufmerksamkeit

Alexander glaubte, daß Konzentration per se schädlich sein müsse, vor allem, wenn sie die Aufmerksamkeit für andere Dinge, die zur gleichen Zeit passieren, ausschließt. Die Vorstellung, daß wir einen großen Teil unserer bewußten Gedanken auf unsere Bewegungen richten sollen, ist vielleicht zunächst sehr seltsam, besonders, da wir uns fast alle auf diesem Gebiet bisher auf einen unterbewußt ablaufenden Mechanismus verlassen haben. Dies kann umso mehr so sein, wenn Sie einmal eine Tätigkeit ausgeführt und sich dabei gleichzeitig mit zweifelhaftem Erfolg Gedanken über die Art und Weise gemacht haben, *wie* Sie diese Tätigkeit ausführen. Wahrscheinlich hat sich Ihre Koordination verschlechtert, und vielleicht haben Sie sogar die Balance verloren! In diesem Fall jedoch haben Sie versucht, *direkt* in den Bewegungsablauf einzugreifen. Der Prozeß der Inhibition und das Geben der Anweisungen hat – richtig angewandt – eine völlig andere, indirekte Wirkungsweise. Die Gedankenkontrolle erleichtert das »Nicht-Tun«, der dadurch entstandene Freiraum ermöglicht, daß – mit Hilfe der Anweisungen – die richtige Bewegung quasi von selbst ablaufen kann.

Viele erleben, wenn sie mit der Alexander-Technik anfangen, eine Phase der Befangenheit. Doch dieses »Denken während der Bewegung« muß nicht notwendigerweise andere Gedanken und Gefühle oder die Aufnahme von Informationen aus der Außenwelt erschweren. Das Ziel ist eine bessere Balance zwischen der Notwendigkeit zur gerichteten Aufmerksamkeit auf der einen und größerer Bewußtheit gegenüber den Menschen und Dingen um uns herum auf der anderen Seite. Zum Beispiel kann ich spazierengehen und dabei Anweisungen geben, *während* ich mich mit einem Freund unterhalte, *nebenbei* ein Hindernis auf dem Bürgersteig sehen und vermeiden kann *und* bemerken, daß ein Bus naht und wir besser stehenbleiben, bevor wir die Straße überqueren!

Zusammenfassung

Wir müssen erkennen, in welchem Maß wir »Gewohnheitstiere« sind. Wir müssen aber auch verstehen, daß jeder direkte Änderungsversuch, bei dem wir uns wie zuvor auf den unbewußten und unzuverlässigen Mechanismus unseres kinästhetischen Sinnes verlassen, nur ein anderes ungünstiges Bewegungsmuster hervorbringt, keine echte Verbesserung. (Meistens sind die auf diese Art eingeübten Bewegungen noch schwerer zu korrigieren).

Durch Alexanders Erkenntnisse sind wir in der Lage, uns unserer schädlichen Verhaltensweisen bewußt zu werden und sie durch die Inhibition zu verhindern. Dann können wir daran gehen, mit Hilfe der Anweisungen neue, günstige Bewegungsmuster zu erlernen. Wahrscheinlich werden wir zuerst durch eine Phase der Befangenheit gehen, in der wir mehr als nötig an die Primärkontrolle denken. Zunächst werden wir nur bei einfachen Tätigkeiten erfolgreich sein, später können wir auch bei den kompliziertesten Aufgaben die Primärkontrolle aufrecht erhalten.

Je mehr wir mit der Technik umgehen können, desto mehr können wir uns auf unseren kinästhetischen Sinn verlassen. Er wird uns immer zuverlässiger darauf aufmerksam machen, wenn wir in alte, schlechte Gewohnheiten zurückfallen. So haben wir die Gelegenheit, den Gebrauch unseres Körpers bei allen Aktivitäten unseres täglichen Lebens zu verbessern.

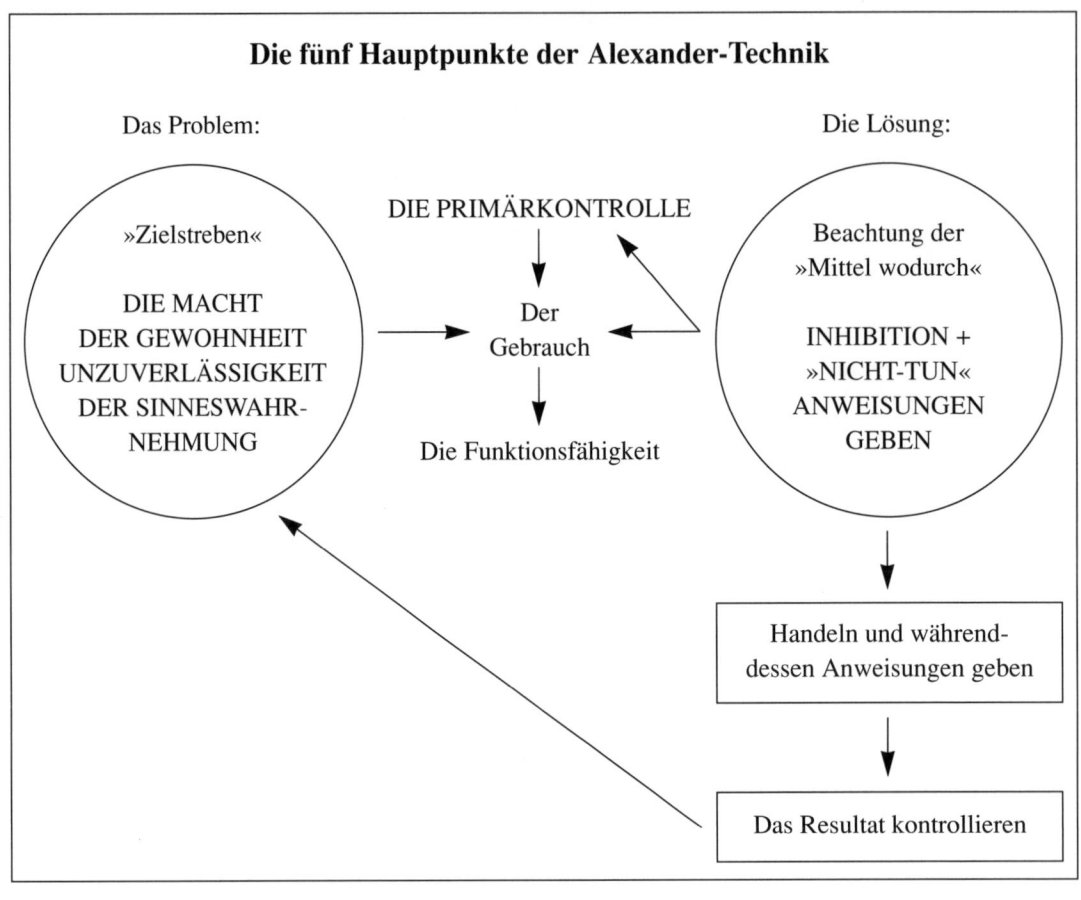

Die fünf Hauptpunkte der Alexander-Technik

Das Problem:

»Zielstreben«

DIE MACHT
DER GEWOHNHEIT
UNZUVERLÄSSIGKEIT
DER SINNESWAHR-
NEHMUNG

DIE PRIMÄRKONTROLLE

Der
Gebrauch

Die Funktionsfähigkeit

Die Lösung:

Beachtung der
»Mittel wodurch«

INHIBITION +
»NICHT-TUN«
ANWEISUNGEN
GEBEN

Handeln und während-
dessen Anweisungen geben

Das Resultat kontrollieren

Teil II:
Praktische Anwendung

Jeder möchte es richtig machen, aber niemand hält inne, um nachzudenken, ob seine Idee von richtig auch richtig ist.[16]

F.M. Alexander

Wenn uns etwas gezeigt wird, ist unser einziges Ziel, es nun richtig zu machen, ungeachtet der Tatsache, daß es Jahre gebraucht hat, es falsch zu machen. Wir versuchen, die Verbesserung im selben Moment zu erreichen.[17]

F.M. Alexander

Im allgemeinen benötigen die meisten sehr viel Nachdenken und harte Arbeit, bis sie etwas Nennenswertes erreichen – auch mit Hilfe eines Lehrers.[18]

P.J. Macdonald

4 Die Anwendung von Alexanders Ideen im Alltag

Eine wirkliche Veränderung kann nur stattfinden, wenn man versteht, daß man die schlechten Gewohnheiten vieler Jahre nicht im Handumdrehen aufgeben kann. Das widerspricht leider der »Jetzt und Sofort-Mentalität« unserer Zeit. Statt dessen müssen wir zunächst herausfinden, welche unserer Tätigkeiten sich besonders negativ auf den Gebrauch unseres Körpers auswirken und verstehen lernen, wie eng die Art und Weise, wie wir etwas tun, mit unseren Zielvorstellungen zusammenhängt.

Wir müssen den Wunsch, alles sofort richtig machen zu wollen, aufgeben und uns geduldig durch die einzelnen Schritte, die zu einer positiven Veränderung nötig sind, hindurcharbeiten. Auf diese Weise lernen wir, in die richtige Richtung zu reisen, statt uns an einer bestimmten Zielvorstellung festzuhalten – die es vielleicht ohnehin nicht gibt. Seien Sie offen für Experimente und haben Sie keine Angst, ab und zu etwas falsch zu machen – dann werden Sie auch Erfolg haben!

Der zweite Teil dieses Buches enthält detaillierte Angaben, wie Sie Alexanders Prinzipien im täglichen Leben anwenden können. *Aber die Hilfe eines Lehrers ist unentbehrlich, nur so können Sie sicherstellen, daß Sie die Information richtig umsetzen.* Ein Lehrer wird Sie immer wieder daran erinnern, innezuhalten und Anweisungen zu geben; um allzu viele, ermüdende Wiederholungen zu vermeiden, wurde dies im Text gelegentlich weggelassen. Bitte, denken Sie daran!

Die Fotografien wurden ausgewählt, um den Unterschied zwischen bewußt durch Anweisungen gesteuerten und »normalen«, mehr oder weniger verspannten Bewegungen deutlich zu zeigen. Betrachten Sie die Fotografien sorgfältig und versuchen Sie den wesentlichen Punkt zu verstehen. Versuchen Sie nicht, die Bilder direkt nachzuahmen, denn jeder Mensch ist anders in Größe und Körperbau. Die äußere Haltung ist nicht so wichtig wie die innere Dynamik des Bewegungsablaufs, die nur teilweise in den Bildern wiedergegeben werden kann.

Es wird oft gefragt, was man erwarten kann, wenn man Alexander-Stunden nimmt. Hier folgen einige der häufigsten Fragen und meine Versuche, sie zu beantworten.

Was Sie vorschlagen, ist alles gut und schön, aber wie kann ich die Zeit finden, die Alexander-Technik zu erlernen?

Dies ist ein Paradox: Je gestreßter Sie sind, desto mehr sollten Sie versuchen, einen Weg zu finden, der es Ihnen ermöglicht, besser mit den an Sie gestellten Anforderungen fertig zu werden, auch wenn Sie meinen, dafür keine Zeit zu haben. Die individuelle Belastbarkeit ist sehr unterschiedlich, vor allem für kurze Zeit kann sie sehr groß sein. Aber wenn man lange fit und belastbar bleiben will, sollte man sich Zeit nehmen, um auszuruhen und neue Kraft zu schöpfen. Andernfalls muß man mit Langzeitfolgen rechnen, die von Müdigkeit und neurotischen Symptomen bis hin zu völliger Erschöpfung und sogar einem Nervenzusammenbruch reichen.

Wird die Technik niemals automatisch?

Wenn diese Frage gestellt wird, ist der Groschen meist gefallen. Wie erzählt wird, meinte einer von Wilfred Barlows Schülern: »Ach, jetzt verstehe ich, ich habe ›lebenslänglich‹ bekommen!« Patrick Macdonald, der seine erste Stunde bei Alexander hatte, als er zehn Jahre alt war, sagte an seinem 75. Geburtstag: »Die ersten 65 Jahre sind die schlimmsten!«

Man würde auch nicht erwarten, ein Musikinstrument oder eine Sportart in kurzer Zeit zu erlernen. Die Effektivität aller unserer Tätigkeiten hängt von der Geschicklichkeit ab, mit der wir unseren Körper und das zentrale Instrument – die Primärkontrolle – beherrschen lernen. Eine Verbesserung hier wird eine Verbesserung auf allen Gebieten bedeuten. Man kann die Alexander-Technik als eine vorbereitende Disziplin für alle nur denkbaren Fertigkeiten ansehen. Dewey meint:

> Die Technik steht im selben Verhältnis zu Erziehung wie Erziehung zu allen anderen Aktivitäten des menschlichen Lebens.[19]

Denken Alexander-Lehrer die ganze Zeit an den Gebrauch ihres Körpers?

Sie versuchen es natürlich, aber es ist nicht gesagt, daß sie immer erfolgreich sind – auch ein Alexander-Lehrer ist nur ein Mensch. Auch nach einer dreijährigen Ausbildung in der Technik und täglicher Arbeit an sich selbst ist er nicht perfekt. Alexander sagte: »Beachte, daß du, wenn du heute Perfektion erreichst, morgen weiter denn je davon entfernt sein kannst!«[20] Wenn Sie anfangen, dem Gebrauch Ihres Körpers mehr Aufmerksamkeit zu schenken, werden Sie merken, daß Minuten, ja Stunden vergehen können, in denen Sie völlig in Ihrem Tun gefangen sind und vergessen, die Anweisungen zu denken. Meistens ist es ein Schmerz, der uns wieder daran erinnert.

Je mehr Sie sich selbst beobachten, desto mehr können Sie sehen, wie oft und wie sehr Sie Ihren Körper mißhandeln. Das kann sehr beunruhigend sein. Viele Alexander-Schüler bekommen am Anfang – auch später gibt es gelegentlich Rückfälle – die »Alexander-Depression« wie Macdonald das nannte. Dieser Zustand bringt eine wachsende Einsicht in unsere Schwierigkeiten und die Menge an Arbeit und Zeit mit sich, die nötig sein wird, um die jeweiligen Probleme zu lösen. Da es sich jedoch hier um eine realistische Einschätzung der Lage handelt, sollten wir jeden Schritt in dieser Richtung, auch wenn es uns schwerfällt, willkommen heißen!

Diesen Prozeß der Selbstbeobachtung kann man in etwa mit der Geisteshaltung im Zen vergleichen, die Achtsamkeit auch bei den einfachsten Tätigkeiten des Lebens fordert. Auch Gurdjieffs »Denken an das eigene Selbst« bedeutet etwas ähnliches, nur daß die Alexander-Technik neben Aufmerksamkeit auch eine verbesserte kinästhetische Wahrnehmung beinhaltet.

Wieviel Zeit brauche ich am Tag für die Alexander-Technik?

Rein theoretisch braucht man sich für die Technik nicht extra Zeit zu nehmen, da man »das Denken in der Aktivität«, das für die Alexander-Technik nötig ist, in jedem beliebigen Moment anwenden kann. In der Praxis hat es sich jedoch sehr bewährt, sich jeden Tag einige Minuten in der dafür von Alexander entwickelten Position hinzulegen (vgl. S. 42ff.).

Auch sollte man beim morgendlichen Aufstehen nicht gleich mit dem ersten Rasseln des Weckers aus dem Bett fallen! Nehmen Sie sich einige Minuten Zeit, und erinnern Sie sich daran, daß Sie Kopf, Hals und Rücken besitzen, die nur optimal funktionieren können, wenn sie in einem ganz bestimmten Verhältnis zueinander stehen. Achten Sie beim Duschen, Waschen und Zähneputzen darauf, wie Sie diese Tätigkeiten ausführen. Jeder Tag ist ein neuer Anfang! Wenn Sie einen guten Start haben, wird es Ihnen auch im Tagesverlauf leichter fallen, aufmerksam zu sein.

Ich kann einfach nicht an alles auf einmal denken. Wo soll ich anfangen?

Ein Vorschlag wäre, daß Sie sich eine Liste anfertigen, die alle Aktivitäten enthält, die im Zeitraum einer Woche anfallen. Diese Aktivitäten sortieren Sie nach der Schwierigkeit bzw. nach dem Grad, in dem Sie Ihnen Unbehagen oder Schmerzen verursachen. Dann fangen Sie an, einer oder vielleicht zwei der einfacheren Tätigkeiten mehr Aufmerksamkeit zuzuwenden, später können Sie sich um ehrgeizigere Projekte kümmern.

Im Teil II dieses Buches werden einfache Bewegungsabläufe beschrieben, die Ihnen zeigen, wie Sie den Gebrauch Ihres Körpers im Alltag verbessern können. Wenn Sie sich nur einige Minuten Zeit nehmen (zwei oder drei Minuten genügen) und – vielleicht nachdem Sie sich etwas hingelegt haben – eine dieser Bewegungen herausgreifen und sie aufmerksam nachvollziehen, werden Sie schnellere Fortschritte in der Technik machen. Am besten gelingt dies natürlich mit einer Bewegung, die Sie schon mit Ihrem Lehrer gemacht haben. Sie können viel darüber lernen, wieviel Arbeit zur Verbesserung Ihrer Koordination im täglichen Leben nötig ist, wenn Sie kein anderes Ziel im Kopf haben, als sich auf die Bewegung als solche zu konzentrieren.

Was bedeutet eigentlich »Denken in der Aktivität«?

Sie können damit beginnen, die Bewegungen, die wir für selbstverständlich hinnehmen, etwas genauer zu beobachten. Das Denken in der Aktivität bedeutet jedoch nicht, daß Sie steif oder übervorsichtig werden sollen. Machen Sie eine kleine Pause, bevor Sie eine neue Bewegung anfangen – manchmal genügt ein Sekundenbruchteil – die es Ihnen ermöglicht, frei und unverkrampft zu reagieren. Dann können Sie der Bewegung mehr Aufmerksamkeit schenken.

Denken Sie die Anweisungen, bevor Sie eine Tätigkeit beginnen und während Sie sie ausführen. Das ist zuerst recht schwierig, aber Stunden bei einem kompetenten Lehrer helfen dabei. Die Schwierigkeit liegt darin, mehrere Dinge gleichzeitig zu denken, ohne sich zu verkrampfen. Mit der Zeit aber werden Sie – wie beim Autofahren – in der Lage sein, die Anweisungen in der richtigen Reihenfolge und alle zur gleichen Zeit zu denken. Durch die Anweisungen kann der Bewegungsmechanismus immer freier und gelöster ablaufen. Eine größere Bewußtheit der Spannungen in unserem Körper – seien sie angemessen oder unangemessen – ermöglicht uns eine bessere Kontrolle über die Reaktionen, z.B. auch in der Sexualität.

Wäre es nicht gut, sich die Anweisungen bildlich vorzustellen?

Mit Vorstellungsbildern sollte man sehr vorsichtig sein. Weder die von Alexander ausgebildeten Lehrer noch Alexander selbst waren Befürworter, da Imaginationen leicht die nötige Klarheit des Denkens in der Aktivität ersetzen, die man anstreben soll. Wenn man sich z.B. vorstellt, man wäre leicht, ist man sehr in Versuchung, sich auf irgendeine Weise »leicht zu machen«, anstatt die richtigen Bedingungen herzustellen, die die Leichtigkeit bewirken können. Auch die Vorstellung »ein Faden zieht meinen Kopf nach oben« verursacht oft nur ein Emporstrecken des Kopfes und eine Versteifung des Nackens. Manchmal jedoch, in einer Unterrichtsstunde etwa, kann ein Bild *im richtigen Moment* hilfreich sein, eine Blockierung lösen und eine Veränderung bewirken.

Anweisungen zu geben ist sehr subtil, dabei aber auch präzise und konkret. In den Stunden wird Ihnen Ihr Lehrer die Erfahrung vermitteln, die Sie brauchen, um die Anweisungen umsetzen zu können. Wenn Sie allein sind, versuchen Sie, sich die Anweisungen auf die Weise zu geben, die der Lehrer anzeigte. Mit der Zeit werden Sie selbst ein Gefühl für eine bessere Körperkoordination entwickeln.

Wie kann ich beurteilen, was ich mache?

Eine objektive Rückmeldung über unseren Körperzustand ist unabdingbar, denn die kinästhetische Wahrnehmung ist unzuverlässig und unsere Fähigkeit zur Selbsttäuschung grenzenlos! Ein Lehrer wird Ihnen zeigen, – unter Umständen auch mit Hilfe eines Spiegels –, wenn Diskrepanzen bestehen zwischen dem, was Sie *glauben*, zu tun und dem, was Sie wirklich tun. Alexander selbst benützte Spiegel zur Selbstbeobachtung und mit der Zeit, wenn Sie gelernt haben, wonach Ausschau zu halten ist, werden auch Sie Spiegel als große Hilfe empfinden. Ein Videogerät wäre die moderne Alternative, die natürlich noch größere Vorteile bietet.

Wie kann ich beurteilen, ob ich Fortschritte mache?

Man kann den Fortschritt nicht messen, wie das z.B. beim Erlernen einer Sprache möglich ist. Es geht in diesem Lernprozeß nicht darum, Wissen anzusammeln, es geht um das Erlernen von Selbstkontrolle durch das Auflösen übermäßiger Spannungen. Vor Jahren fiel mir ein Buch in die Hände, dessen Titel mich sehr beeindruckt hat: *Zen Geist, Anfänger Geist* (von Shunryu Suzuki, Theseus-Verlag). Je besser ich die Technik verstehe, desto mehr sehe ich ein, wie wenig ich eigentlich für die meisten Bewegungen »tun«

muß. In dieser Hinsicht fängt man immer wieder von vorne an.

Je mehr Fortschritte Sie machen, desto »gegenwärtiger« werden Sie über längere Zeit hinweg sein, desto lebendiger wird sich Ihr Körper anfühlen und umso größer wird Ihre Einsicht in das Zusammenwirken der einzelnen Körperteile. Zum Beispiel wird sich ein Gefühl der Freiheit und Leichtigkeit einstellen, wenn Ihr Kopf eine gut ausbalancierte Haltung hat. Sie können dann fühlen, wie sich Spannungen auch in den Beinen und in der Gegend der Hüftgelenke lösen. Alle Bewegungen werden müheloser. Aufgaben, die Sie bisher nur mit viel Mühe und Anstrengung bewältigen konnten, werden Ihnen schneller von der Hand gehen. Meistens bessert sich auch das Allgemeinbefinden und es treten weniger Schmerzen auf.

Schon nach einigen Alexander-Stunden besserten sich bei mir die Schmerzen in Nacken und Schultern, die viele Autofahrer quälen. Ich verstand damals nur wenig von der Wirkungsweise der Technik, doch das wenige, das ich wußte, half mir, meinen Kopf nicht zurück und zwischen die Schultern zu ziehen und auf diese Weise das chronische Bewegungsmuster aufzulösen. Auch hatte ich die Angewohnheit, stundenlang in einer völlig zusammengesackten Haltung zu sitzen – eine Haltung, die man in jedem Büro und in jeder Schule sehen kann. Wenn ich mich jedoch jetzt so hinsetze, fühlt sich das sofort unbequem an und wird nach einigen Minuten fast unerträglich.

Nach dem Hochgefühl, das sich nach den ersten deutlichen Fortschritten einstellt, wird man öfter »Rückfälle« in alte, schlechte Gewohnheiten erleben, besonders, wenn man gerade sehr gestreßt ist. Dies sollte man akzeptieren und nicht als Anlaß zur Selbstanklage nehmen. Als Anfänger macht man Kompromisse, später sollte man ohne sie auskommen.

Ich lege mich täglich zur Entspannung hin und versuche, an mir zu arbeiten, trotzdem habe ich seit neuestem Rückenschmerzen. Mache ich etwas falsch?

Es gibt drei Gründe, warum so etwas passieren kann:

1. Vielleicht versuchen Sie zu sehr, die Anweisungen zu *machen*. Man kann nichts erzwingen und sollte immer daran denken, daß die Anweisungen für die Primärkontrolle damit beginnen: Hals rundherum frei. Machen Sie eine Pause, bevor Sie neue Anweisungen geben. Wenn sich in dieser Pause Ihr Kopf deutlich bewegt, ist die Wahrscheinlichkeit groß, daß Sie versuchen, ein Resultat zu erzwingen. Vergewissern Sie sich, daß Sie nicht Ihren Atem anhalten oder Ihren Blick fixieren. Versuchen Sie, sich den Raum und die Klänge um Sie herum bewußt zu machen.

2. Es könnte sein, daß sich chronische Verspannungen der Rückenmuskulatur lösen. Informationen von den betroffenen Muskeln und Geweben erreichen das Gehirn und werden als Schmerz registriert. Das kann sehr schnell vergehen, manchmal bleiben die Beschwerden etwas länger bestehen. Fragen Sie Ihren Lehrer, er wird herausfinden können, worum es sich handelt.

3. Vielleicht beginnen Sie, jetzt bestimmte Muskelgruppen, die Sie bisher gar nicht oder sehr wenig benutzt haben, mehr einzusetzen. Alle Beschwerden und Schmerzen, die aus diesem Grund entstehen, sollten rasch wieder aufhören.

Warum fühlt sich die neue Art, mich zu bewegen, so merkwürdig an? Sitzen, Stehen und Gehen – bei allen Tätigkeiten fühle ich mich unbeholfen!

Oft machen wir uns zu viele Sorgen, wie wir auf andere Leute wirken. Wir vergessen, daß die meisten viel zu sehr mit sich selbst beschäftigt sind, um sich Gedanken über andere zu machen.

Wenn man mit Alexander-Stunden anfängt, befindet man sich in einem merkwürdigen Zwischenzustand: Man hat Schmerzen, fühlt sich aber in gewissem Sinne ganz wohl mit dem, was man macht, man ist es ja gewohnt. Je mehr Sie aber verstehen, wieviel an Ihren Bewegungen falsch ist, desto weniger können Sie in diese altvertrauten und deshalb relativ bequemen Verhältnisse zurück. Haben Sie Geduld; mit der Zeit wird sich auch die neue Körperkoordination gut und vertraut anfühlen und vorübergehende Gefühle der Unausgewogenheit werden Sie weniger beunruhigen. Auch hier ist wieder die Führung durch einen erfahrenen Lehrer von unschätzbarem Wert.

5 Von der Notwendigkeit, sich hinzulegen

Immer, wenn ich das Verlangen bekomme, Sport zu treiben, lege ich mich hin, bis es vorüber ist.
G.K. Chesterton zugeschrieben

Dieser Satz wurde in einem Buch über sportliche Ertüchtigung als ein Beispiel für einen beklagenswerten Mangel an Sportgeist zitiert. In einer Hinsicht jedoch ist dieser Ausspruch richtig: Wenn wir nämlich schlecht koordiniert sind und dann eine Reihe von mechanischen, schnellen, sich oft wiederholenden Bewegungen machen – wie es bei den meisten sportlichen Übungen der Fall ist – laufen wir Gefahr, unseren Zustand zu verschlechtern, weil wir die ungünstigen Bewegungsmuster nicht verändern, sondern eher verstärken. Aber jeder würde profitieren, wenn er *eine kurze Zeit des Tages für das Hinlegen und Ausruhen reservieren würde.*

Warum sollte man sich täglich hinlegen?

Am Ende eines langen Tages sind wir deutlich kürzer als beim Aufstehen. Im Durchschnitt verliert man etwa einen Zentimeter, manchmal sogar zwei Zentimeter oder mehr an Länge. Dieses Phänomen kommt durch die Einwirkung der Schwerkraft zustande und verstärkt sich deutlich, wenn wir älter werden. Alle Menschen sind davon gleichermaßen betroffen, egal, ob sie ihre Tage am Schreibtisch sitzend verbringen oder Schwerarbeit verrichten. Muskeln werden angespannt und damit verkürzt, die Gelenke werden zusammengepreßt und Flüssigkeit wird aus den Bandscheiben herausgedrückt. Dadurch werden sie flacher und der Abstand von einem Rückenwirbel zum anderen verringert sich. Der Biologe D'Arcy Thompson beschreibt, wie die Formen sowie die Tätigkeit unserer Körper völlig durch die Wirkung der Schwerkraft auf der Erde bedingt sind.

> Alle die Tiere, die auf der Erdoberfläche wandeln, entsprechen ihren Proportionen nach der Größe der Schwerkraft (...) Nach unten gebogene Mundwinkel, schlaffe Brüste und viele andere Anzeichen des Alters sind ein Teil der langsamen, unerbittlichen Arbeit der Schwerkraft.[21]

Aber wir sind diesem Alterungsprozeß nicht hilflos ausgeliefert. Wir können ihn verlangsamen und einige der Verheerungen des »Zahns der Zeit« mildern. Durch ausreichenden Schlaf und regelmäßige Ruhepausen kann die aus den Bandscheiben ausgetretene Flüssigkeit wieder absorbiert werden. Auf diese Weise können sie ihre optimale Größe und Form länger behalten. Die Bandscheiben geben der Wirbelsäule ihre Elastizität und Spannkraft. Sie können enormen Belastungen standhalten, wenn die Wirbelsäule in voller Länge und korrekter Form ausgerichtet ist. Die Erforschung ihrer Biomechanik ergab, daß unter Einwirkung eines sehr hohen Drucks die Wirbel wahrscheinlich vor den Bandscheiben zerspringen würden. Das Geheimnis ihrer Stärke liegt in ihrem halbflüssigen Kern. Wenn die Wirbelsäule jedoch ihre natürliche Form und Länge verloren hat, ist die faserige, äußere Hülle der Bandscheibe einem starken Abnützungspro-

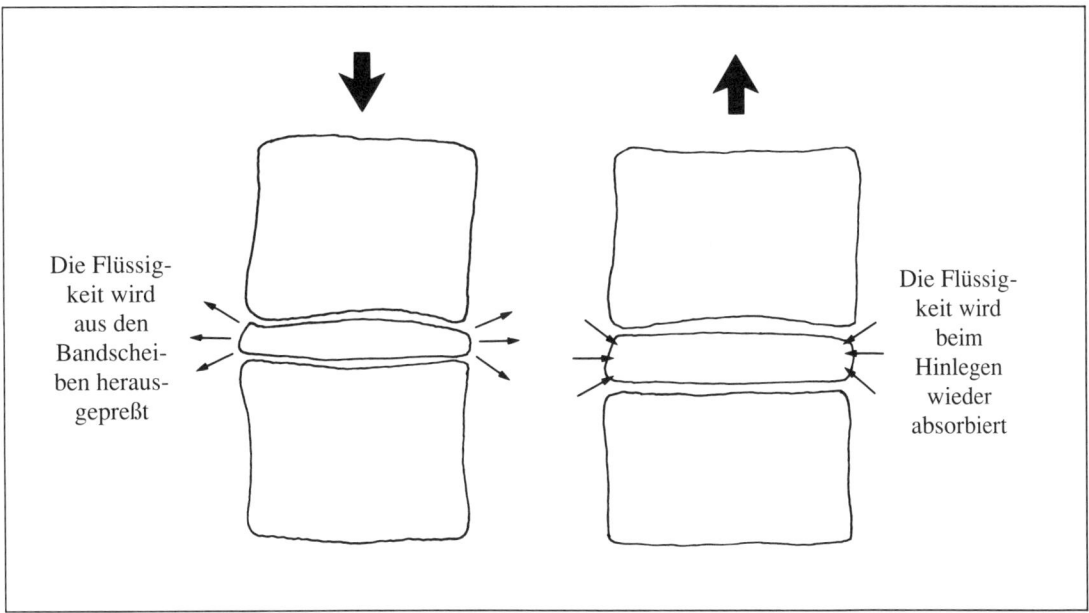

Die Flüssig-
keit wird
aus den
Bandschei-
ben heraus-
gepreßt

Die Flüssig-
keit wird
beim
Hinlegen
wieder
absorbiert

Abb. 14: Durch Druck werden die Bandscheiben zusammengedrückt, durch die Längung und Entlastung der Wirbelsäule beim Hinlegen erholen sie sich wieder.

zeß unterworfen. Die Hülle kann reißen und der Inhalt heraustreten. Dadurch werden die in der Nähe verlaufenden Nerven eingeklemmt oder Druck ausgesetzt, und es entstehen die bei einem Bandscheibenvorfall typischen Kreuzschmerzen. Durch das Hinlegen erholen sich nicht nur die Bandscheiben, auch die im Verlauf des Tages erworbenen muskulären Verspannungen können sich lösen. Studien des menschlichen Biorhythmus zeigen zyklische Schwankungen in der Leistungsfähigkeit: auf ein drei- bis vierstündiges »Hoch« folgt eine kurze Phase der Müdigkeit. Wahrscheinlich – es gibt Forschungsergebnisse, die in diese Richtung weisen – fällt die »müde Phase« mit der Regenerationsphase der Muskelfasern zusammen. Es empfiehlt sich nicht, ständig gegen diese Müdigkeit anzukämpfen, sonst haben wir eines Tages Schwierigkeiten mit unserer chronisch verspannten Muskulatur.

Das tägliche Hinlegen ist so wichtig für unser Wohlbefinden wie das Zähneputzen für die Gesundheit unserer Zähne. Es ermöglicht uns, für eine Weile nicht auf die Anforderungen des täglichen Lebens zu reagieren – das ist reine Inhibition! Wenn wir gerade nichts (oder fast nichts) zu tun haben, sollten wir uns in der noch zu beschreibenden Position hinlegen. Dann können wir wahrnehmen, wieviel unnötige Spannung sich in unserem Körper angesammelt hat, wir können die Verkrampfung in der Nacken- und Schulterregion lösen, der Rücken kann sich strecken, und die Gelenke werden von Druck befreit.

Wenn durch das Hinlegen normalerweise chronische Rückenschmerzen gelindert werden (und keine anderen schwerwiegenden, krankhaften Befunde vorliegen), kann man davon ausgehen,

43

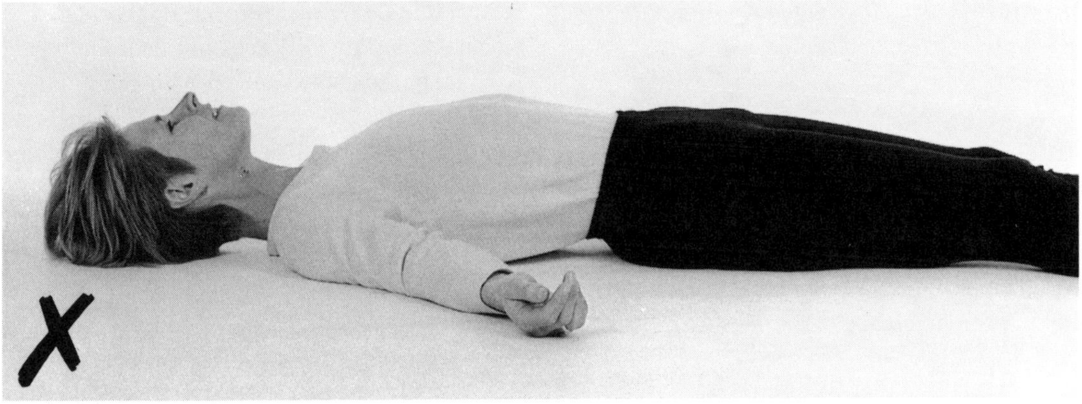

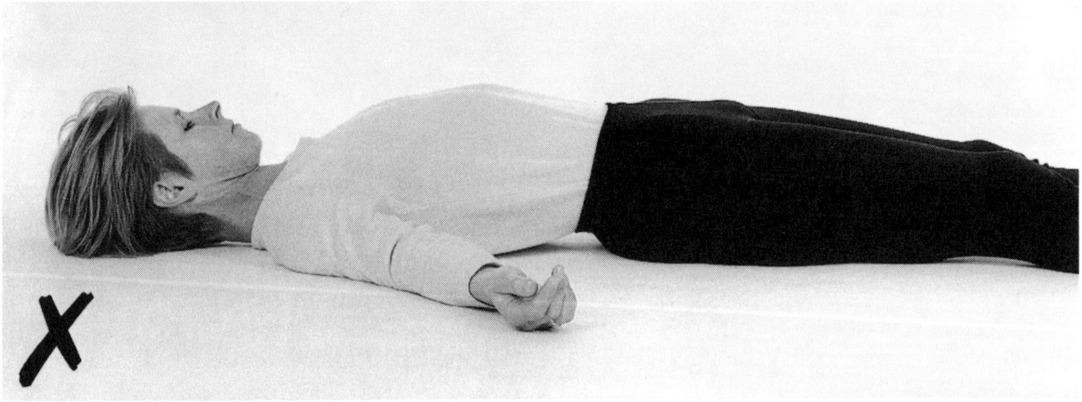

Abb. 15 und 16: Diese »Entspannungshaltungen« zeigen noch viel »Restspannung« in Hals- und Rückenmuskulatur.

Abb. 17: Die Haltung zum Ausruhen.

daß das Erlernen einer guten Koordination eine bedeutende Erleichterung der Alltagstätigkeiten bringen wird.

Wann sollte man sich hinlegen?

Im Idealfall sollte man sich am frühen Nachmittag hinlegen. In manchen Kulturkreisen ist eine lange Siesta üblich, aber eine derart ausgeprägte Ruhepause ist normalerweise nicht notwendig. Nehmen Sie sich mindestens 10 bis 20 Minuten Zeit. (Manchmal, wenn Sie besonders gestreßt oder ermüdet sind, kann auch eine halbe Stunde oder mehr günstig sein). Auch wenn Sie eine Büroarbeit haben, versuchen Sie doch, die Zeit zu finden, sich am Arbeitsplatz hinzulegen. Gehen Sie alle Gründe durch, warum dies nicht möglich ist, und fragen Sie sich, ob sie wirklich stichhaltig sind!

Am späten Nachmittag oder am frühen Abend kann eine zweite, kurze Ruhepause von 5 bis 10 Minuten wieder sehr willkommen sein. (Wenn es wirklich unmöglich sein sollte, sich am Arbeitsplatz hinzulegen, wird diese Zeit Ihre »Hauptausruhzeit« werden müssen). Es ist auch sehr empfehlenswert, morgens, bevor Sie aufstehen, einige Minuten in dieser Entspannungsposition zu verbringen, so können Sie sich das richtige Verhältnis von Kopf, Hals und Rücken ins Gedächtnis zurückrufen und den Tag so anfangen, wie Sie mochten, daß er weitergeht.

Nachteile anderer Entspannungspositionen

Legen Sie sich auf eine feste, jedoch nicht zu harte Unterlage – ein Teppichboden ist sehr geeignet oder eine zusammengelegte Decke auf einem härteren Fußboden – die Arme neben dem Körper, die Beine ausgestreckt. Beobachten Sie, welche Teile Ihres Rückens mit dem Fußboden Kontakt haben und wo Verspannungen in Ihrem Körper sind. Höchstwahrscheinlich wird sich Ihre Lendenwirbelsäule hochwölben und Ihr Hinterkopf unangenehm gegen den Fußboden drücken, so daß sich auch die ganze Nackenpartie in einem etwas unbequemen Zustand befindet – es sei denn, Sie haben sich an diese Art zu liegen gewöhnt (*Abb. 15*). Wenn die Handflächen nach oben zeigen und die Arme nah am Körper sind, wird der Brustkorb nach oben und die Schultern nach hinten gedrückt. Jedoch werden ähnliche Positionen häufig im Yoga und von bestimmten Entspannungstechniken empfohlen. Es wird auch öfter angeregt, das Kinn an die Brust zu drücken, um die vom Hinterkopf ausgehenden Muskeln zu strecken, obwohl dadurch ein schädlicher Druck auf den Kehlkopf entstehen kann (*Abb. 16*).

Wie man sich hinlegen sollte

Benützen Sie etwas, um den Kopf zu unterstützen, so können Sie ihn nicht nach hinten ziehen, die Halsmuskulatur kann sich entspannen, und auch der Rücken wird davon profitieren. Wenn Sie jetzt die Knie anwinkeln, so daß sie zur Decke zeigen, und die Füße etwa in Schulterbreite flach auf den Boden stellen, so wird sich Ihr Rücken strecken und einen besseren Kontakt zum Boden bekommen (*Abb. 17*).

In dieser Lage sollte man körperlich fast vollständig passiv sein und sich von der Unterlage tragen lassen. Aber das Ziel ist – wieder kann ein Lehrer helfen –, geistig ganz wach zu sein, um durch die Anweisungen eine Längung und Lockerung der verkrampften und verkürzten Muskeln zu ermöglichen.

Abb. 18: Zuwenig Unterstützung für den Kopf.

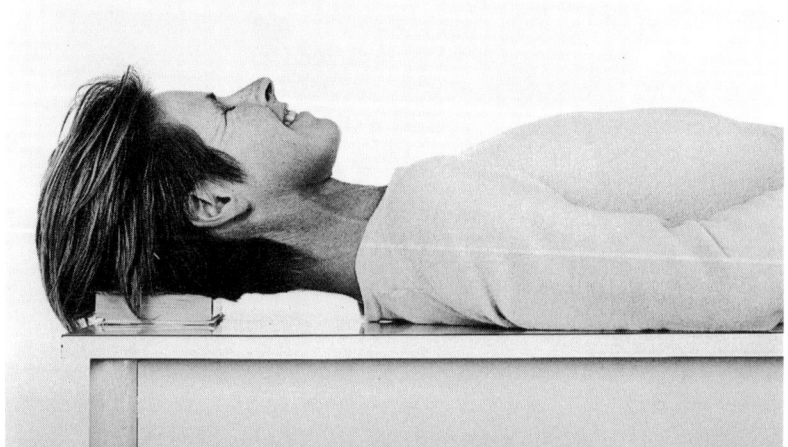

Abb. 19: Die richtige Höhe des Bücherstapels.

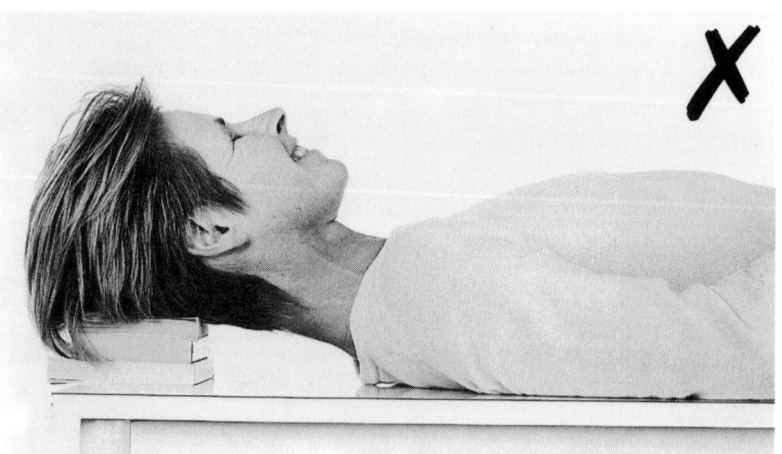

Abb. 20: Zuviel Unterstützung für den Kopf.

Wieviel sollte man unter seinen Kopf legen?

Ein kleiner Stapel von Taschenbüchern bildet eine sehr praktische, feste und doch bequeme Kopfstütze. Er muß so hoch sein, daß der Kopf nicht nach hinten gezogen werden kann, aber er darf nicht so hoch sein, daß das Kinn gegen die Brust und den Kehlkopf gedrückt wird; versuchen Sie, eine gut ausbalancierte und entspannte Lage für den Kopf zu finden.

Falls Sie Alexander-Stunden haben, wird Ihnen Ihr Lehrer natürlich raten können, wie viele Bücher Sie nehmen sollen. Andernfalls versuchen Sie es selbst, so gut Sie können! Die Nackenlinie sollte fast gerade, aber schräg nach oben zum Haaransatz hin verlaufen. Das Kinn (bzw. der untere Rand des Kieferknochens) sollte nach oben und etwas in Richtung der Füße zeigen. Wenn Sie die folgenden Bilder auf die Seite gestellt betrachten, werden Sie wahrscheinlich sehen können, daß in *Abb. 19* die beste Kopfhaltung dargestellt ist.

Einige Menschen kommen ganz ohne Unterstützung für den Kopf aus, andere brauchen 10 bis 12 Zentimeter oder mehr, je nach Größe und ererbter oder auch erworbener Körperform. Wenn man ein dünnes Taschenbuch obenauf legt, kann man leicht die Höhe des Bücherstapels reduzieren, nachdem sich der Rücken etwas entspannt und begradigt hat. (Manchmal ist der Hinterkopf etwas uneben, in diesen Fällen sollte man, um unangenehmen Druck zu vermeiden, durch ein kleines Polster – einen zusammengelegten Schal oder einige Taschentücher – die Oberfläche der Unterlage etwas weicher machen). Sobald Ihr Rücken sich verändert hat und gerader wird, werden Sie weniger Bücher brauchen. Die meisten jedoch werden immer etwas unter ihren Kopf legen müssen – auch nach jahrelanger Alexander-Arbeit. Die Rundung der Brustwirbelsäule (der Buckel) sowie der zu weit nach vorn geneigte Hals bilden sich nicht immer völlig zurück.

Das »Ausbügeln« des Hohlkreuzes

Um die Begradigung des Rückens – vor allem im Bereich der Lendenwirbelsäule – zu beschleunigen, können Sie folgendes tun: Nachdem Sie sich hingelegt haben, umfassen Sie ein Knie mit beiden Händen und ziehen es langsam, ohne zu forcieren, zur Brust hin. Legen Sie die Finger sanft von oben (oder unten, wenn Sie möchten) um das Knie, und ziehen Sie es ohne Anstrengung ein bißchen näher zur Brust, während Sie Ihren Schultern und Ellbogen *erlauben*, sich voneinander weg zu bewegen (*Abb. 21*). So vermeiden Sie, daß sich Schultern und Arme verkrampfen und der Brustkorb verengt wird. Verfallen Sie aber nicht ins andere Extrem, die Ellbogen nach außen zu drücken. Auch das Knie mit Macht an die Brust zu pressen bringt keinerlei Vorteile. Das bloße Beugen des Hüftgelenks hilft den Muskeln im Bereich des unteren Rückens, sich zu entspannen. Bleiben Sie etwa ein bis zwei Minuten in dieser Stellung, dann können Sie wahrnehmen, wie der Rücken auf der entsprechenden Seite mehr Kontakt mit dem Fußboden bekommt. Danach wiederholen Sie das Ganze mit dem anderen Knie.

Beim Anziehen der Knie haben Sie höchstwahrscheinlich die Halsmuskulatur verspannt und den Kopf nach hinten gezogen. (Wenn die Bücher verrutscht sind, schieben Sie sie zurück, so daß sie wieder unter dem Hinterkopf sind.) Denken Sie das nächste Mal daran, bevor Sie die Knie anziehen, eine Pause zu machen. Dann geben Sie die Anweisungen, wie Sie es in der Stunde gelernt haben:

Abb. 21: Das »Ausbügeln« des Hohlkreuzes.

Abb. 22: Längung des unteren Rückens (Beachten Sie den absichtlich gemachten Fehler - den steifen Hals).

Abb. 23: Sanfte Längung des Halses und oberen Rückens.

vor dem Anziehen des Unie:

Ich lasse meinen Hals frei,
damit sich mein Kopf ungehindert
zwischen den Schultergelenken herauslösen
kann,
damit sich mein Rücken längen und weiten kann,
so, daß der Rücken mehr und mehr auf dem
Boden ruhen kann.

Denken Sie weiter an die Anweisungen, während Sie die Knie anziehen. Je mehr Sie daran denken können, *vor und während* einer Aktivität die Anweisungen zu geben, desto glatter wird die Bewegung ablaufen.

Wenn Sie das Bein in die Ausgangsposition zurückbringen wollen, denken Sie wieder die Anweisungen für den Kopf, der aus den Schultern »wächst«, lösen Sie Ihre Finger, lassen das Knie einen Bogen zur Decke hin beschreiben und stellen dann den Fuß sanft auf den Boden, etwa auf einer Linie mit der Hüfte.

Danach könnte Ihr unterer Rücken etwas den Kontakt mit dem Boden verloren haben, da sich die Muskeln dort entspannt und leicht verlängert haben und jetzt noch mehr Platz auf dem Boden brauchen. Um den Bodenkontakt herzustellen – bitte, nichts forcieren – können Sie folgendes tun: Als erstes machen Sie eine kleine Pause für die Inhibition der gewohnheitsmäßigen Reaktion. Lassen Sie Ruhe zu (Nicht-tun). Dann geben Sie die Anweisungen für die Primärkontrolle. Jetzt stemmen Sie die Fersen fest gegen den Boden und erlauben Ihren Knien, sich nach oben zu bewegen, so daß Sie Ihre Hüften vom Boden heben können – nur ein bißchen, ein bis zwei Zentimeter genügen schon. Die Knie bewegen sich dabei auch etwas weg vom Kopf und in Richtung der Füße, dadurch wird das Becken leicht gekippt. Diese Bewegung des Beckens kann man mit den Händen etwas unterstützen, wenn man sie unter die Hüften legt (*Abb. 22*). Denken Sie daran, daß Hals und Schulterregion

bei dieser Bewegung frei bleiben, andernfalls geht die Längung und Entspannung des unteren auf Kosten des oberen Rückens. Diesen Vorgang können Sie ein- bis zweimal während der Zeit Ihres Hinlegens wiederholen, wenn der Rücken sich weiter entspannt und streckt.

Die Längung des mittleren und oberen Rückens

Um auch im restlichen Bereich des Rückens beim Hinlegen eine Dehnung zu erreichen, legen Sie, ohne den Hals zu berühren, die Hände unter den Kopf, heben ihn und den oberen Rücken etwas an und ziehen sanft die ganze Wirbelsäule ein bißchen in die Länge (*Abb. 23*). Nehmen Sie die Hände wieder weg, denken Sie daran, der Halsmuskulatur völlige Entspannung zu erlauben, indem Sie das ganze Gewicht des Kopfes auf den Büchern ruhen lassen.

Die Haltung der Arme

1.) Lassen Sie die Hände mit entspannten Fingern auf dem Bauch ruhen, die Ellbogen zeigen leicht zur Seite. So können sich Spannungen im Schultergürtel lösen, die Schultern können sich weiten und besseren Kontakt zum Boden bekommen; aber versuchen Sie nicht, die Schultern gewaltsam auf den Boden zu pressen (*Abb. 24*). Die Anweisungen für die Arme, die Sie **nach den Anweisungen für die Primärkontrolle** geben, heißen:

Ich lasse die Schultern frei,
damit sie sich zur Seite hin weiten können,
so, daß sich der Ellbogen zur Seite hin ausdehnen
kann,
so, daß sich die Hand ungehindert aus dem
Handgelenk herauslösen kann, und
damit sich die Finger aus den Hand- und Fin-
gergelenken heraus verlängern können.

Abb. 24: Lassen Sie die Schultern auf dem Boden weit werden und sich entspannen.

Wiederholen Sie das mit dem anderen Arm (nach den Anweisungen für Kopf, Hals und Rücken), dann versuchen Sie es mit beiden Armen gleichzeitig. Denken Sie daran, die Anweisungen nicht zu »machen«; verstehen Sie sie lediglich als Mitteilungen vom Gehirn an den Körper. Die jeweiligen Partien des Körpers werden zu ihrer Zeit und auf ihre Art und Weise reagieren.

2). Ihre Arme liegen wieder neben dem Körper, die Ellbogen zur Seite ausgestreckt wie vorher, aber dieses Mal beugen Sie den Arm im Handgelenk etwas nach innen, die Unterarme liegen neben dem Körper, Handteller und Finger ruhen auf dem Boden und zeigen zu den Füßen (*Abb. 25*).
Die Anweisungen lauten:

Ich lasse die Schultern frei,
damit sie sich zur Seite hin weiten können,
so, daß sich der Ellbogen fortgesetzt zur Seite hin ausdehnen kann,
so, daß sich die Handgelenke zum Körper hinneigen können, und
damit sich die Finger aus den Hand- und Fingergelenken heraus in Richtung zu den Beinen verlängern können.

Wiederholen Sie das mit dem anderen Arm und dann mit beiden Armen gleichzeitig. Viele werden mit dieser Armhaltung Schwierigkeiten haben, da sie Verspannungen im Unterarm und im Schulterbereich betont. Solange sich die Verspannung der Muskulatur in diesem Bereich noch nicht gelöst hat, sollte man ein Buch von ausreichender Dicke unter die Hand legen, dann wird diese Stellung bequemer.

3.) Die »Kruzifix-Haltung«: Strecken Sie die Arme, Handflächen nach oben, zur Seite aus. Die Oberarme können etwas in Richtung der Füße zeigen, die Unterarme setzen die »Bewegung« vom Ellbogen aus gerade fort. Diese Haltung erleichtert die Entspannung und Weitung des Rückens und ermöglicht so, daß die Schulterblätter sich voneinander weg bewegen, was besonders bei runden Schultern sehr hilfreich ist (*Abb. 26*).
Die Anweisungen lauten:

Ich lasse die Schultern frei,
damit sie sich zur Seite hin weiten können,
so, daß sich die Arme aus den Schultergelenken heraus verlängern können, und
damit sich die Finger aus der Hand heraus verlängern können.

50

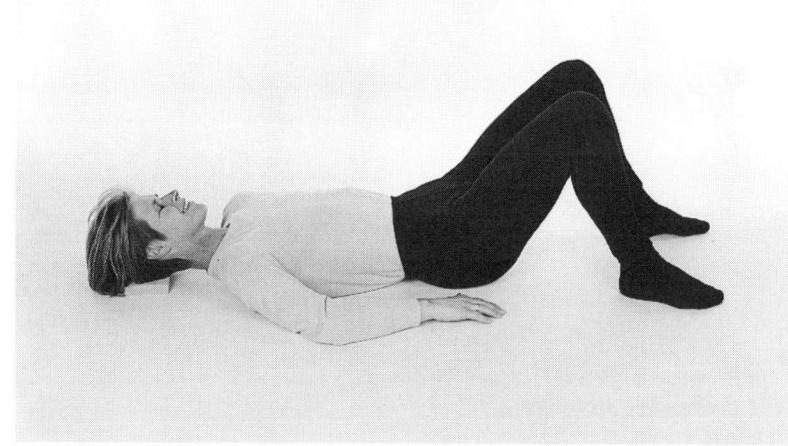

Abb. 25: Handgelenke leicht nach innen, Unterarme an die Seiten.

Abb. 26: Die »Kruzifix-Haltung«.

Wahrscheinlich werden Sie in all diesen Stellungen ein- bis zweimal die Arme etwas nach außen bewegen können, um der gelockerten Muskulatur im Schulterbereich mehr Platz einzuräumen.

Die Stellung der Beine

1.) Die wichtigste Stellung der Beine wurde schon beschrieben: Die Füße stehen ungefähr auf Schulterbreite und zeigen etwas nach außen, die Knie weisen zur Decke (*Abb. 27*). Die Füße sollten etwa 30 bis 40 Zentimeter vom Körper entfernt stehen, und das Gewicht des Beins sollte sich gleichmäßig auf die ganze Fußsohle verteilen. Falls die Knie anfangen, nach innen oder

außen zu fallen, wird sich auch der Druck auf der entsprechenden Seite der Fußsohle verstärken. Bei zu großer Entspannung der Beinmuskulatur wird diese Stellung etwas wackelig; bei zu großer Anspannung wird unnötige Energie verbraucht, und die Gelenkoberflächen werden zusammengepreßt. Idealerweise sollte der Muskeltonus in Gesäß und Beinen so ausbalanciert sein, daß die Knie mit minimaler Muskelarbeit in ihrer Position gehalten werden können. Das wird durch die Anweisungen, die Sie **nach den Anweisungen für die Primärkontrolle** an jedes Bein richten, erleichtert:

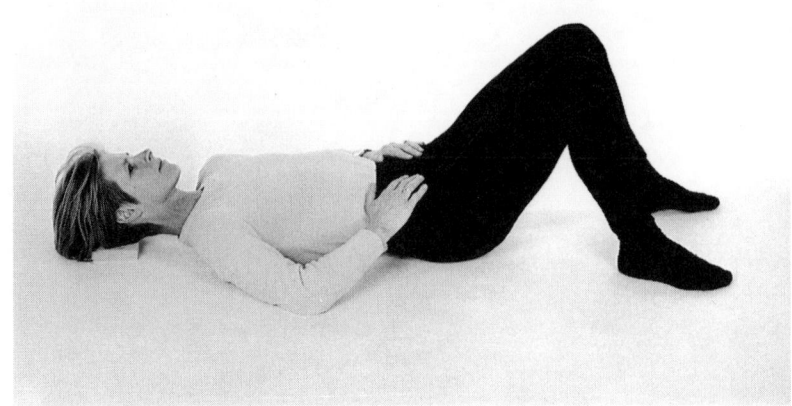

Abb. 27: Die Füße sind in
Schulterbreite und zeigen
leicht nach außen.

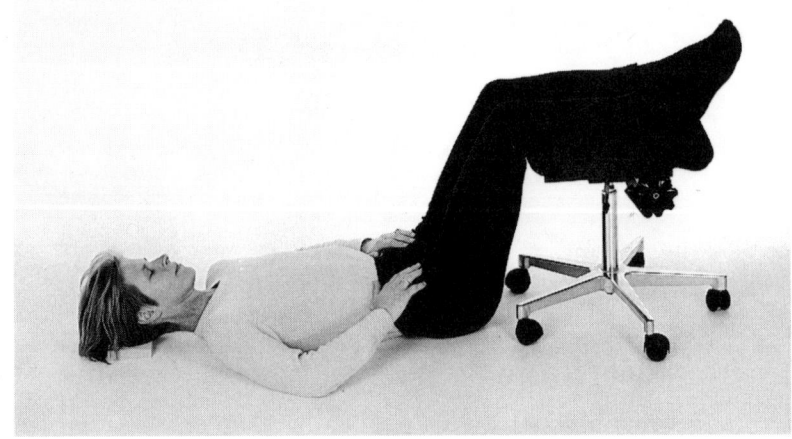

Abb. 28

Ich lasse die Hüfte frei,
so, daß das Knie aus dem Hüftgelenk heraus
nach oben und
aus dem Fußgelenk heraus nach oben zeigen
kann (zur Zimmerdecke hin), und
ich lasse die Knie ein wenig voneinander weg,
nach außen zeigen,
so, daß sich die Zehen aus den Fuß- und Zehen-
gelenken heraus verlängern können.

Wiederholen Sie das mit dem anderen Bein und
dann mit beiden Beinen gleichzeitig. Durch diese
Lage mit gebeugtem Knie- und Hüftgelenk wird
das Becken leicht nach vorne (Richtung Decke)

geneigt. Dadurch wird das Hohlkreuz (die Lor-
dose) korrigiert. *Außerdem kann das Gehirn in*
dieser Position erkennen (auch wenn die Fuß-
gelenke kaum gebeugt oder belastet sind), *daß*
es möglich ist, etwas mit den Beinen zu machen,
ohne dabei das korrekte Verhältnis von Kopf,
Hals und Rücken zu verlieren. Das ist besonders
wichtig, wenn wir ans Bücken und Heben denken.

2.) Wenn Sie akute Rückenschmerzen haben,
kann es besonders hilfreich sein, die Unterschen-
kel auf einen niedrigen Stuhl oder ein Sofa zu
legen (*Abb. 28*).

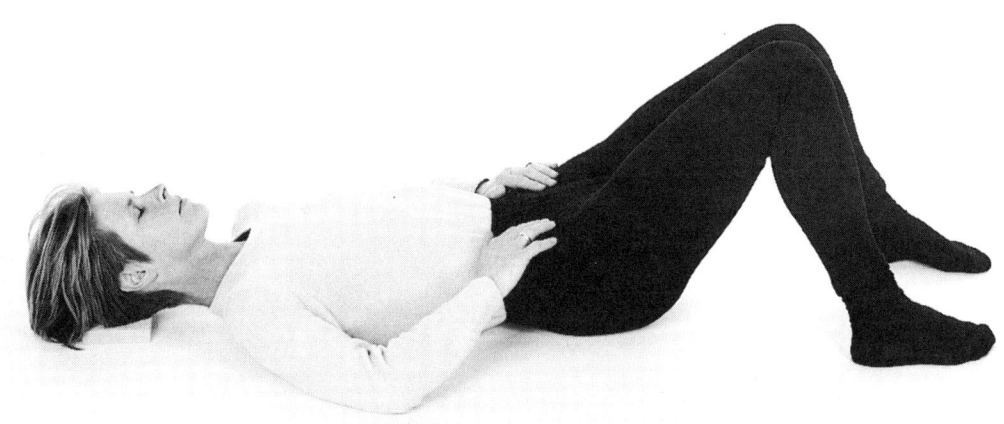

Abb. 29: Die Position für ein Nickerchen.

3.) Wenn Sie sich schläfrig fühlen, können Sie die Beine stabilisieren, indem Sie die Füße etwas einwärts stellen und die Knie aneinander lehnen (*Abb. 29*).

4.) Falls die Beine sich verkrampfen oder sehr instabil sind, können Sie die Beine ausstrecken und nur leicht anwinkeln, indem Sie die Knie durch ein großes Kissen unterstützen. (Diese Stellung ist nicht so effektiv für die Entspannung des unteren Rückens. Mit der Zeit sollten Sie auch lernen, die Beine so aufzustellen, wie es in *Abb. 27* gezeigt ist.)
Die Anweisungen lauten dann:

Ich lasse die Beine aus den Hüften heraus frei, ich gestatte den Beinen, sich aus der Hüfte heraus zu längen;
die Fußsohlen am Boden und der Scheitelpunkt des Kopfes tendieren dazu, sich auseinander zu bewegen,
ich erlaube allen Gelenkoberflächen, sich voneinander zu lösen.

Woran sollte ich denken, während ich mich hinlege?

Es dauert einige Minuten, bis der Rücken sich entspannt. Durch das Ruhen auf der festen Unterlage und die Anweisungen wird diese Entspannung noch weiter gefördert. Geben Sie die Anweisungen mehrmals und machen Sie jeweils eine deutliche Pause zwischen einer Gruppe von Anweisungen und der nächsten, so kommen Sie nicht so sehr in Versuchung, mit direkter Muskelaktivität zu reagieren. Lassen Sie die Augen offen, während Sie die Anweisungen denken. Danach können Sie für die letzten Minuten Ihrer

Ruhepause versuchen, auch geistig ganz still zu werden, oder Sie können ein wenig Musik hören, vor sich hindämmern oder schlafen, wenn Sie sehr müde sind.

Das Aufstehen

Normalerweise stemmt man sich vom Liegen gerade nach oben in eine sitzende Position. Dabei wird oft der Nacken verspannt und das Kinn an die Brust gepreßt. Ähnliche Bewegungen werden bei Trimm-Übungen zur Kräftigung der Bauchmuskulatur verlangt, leider aber verbiegt und verspannt man dabei seine Wirbelsäule so, daß man das wieder zunichte macht, was man durch das Hinlegen gewonnen hat.

Wer akute Rückenschmerzen hat, lernt sehr schnell, daß es eine andere Art des Aufstehens gibt, bei der nur ein minimaler Druck auf die Wirbelsäule ausgeübt wird (*Abb. 30 – 38*). Als vorbeugende Maßnahme kann man aber jedem empfehlen, sich erst auf eine Seite zu rollen. Denken Sie bei den einzelnen Haltungsänderungen daran, Pausen zu machen und die Anweisungen zu geben! Wenn Sie aufgestanden sind, werden Sie vielleicht merken, daß Sie ganz anders dastehen, weil Ihr Rücken sich gestreckt und geweitet hat. (Benutzen Sie die Positionen in umgekehrter Reihenfolge, wenn Sie sich hinlegen möchten.)

Wenn Sie morgens aufstehen, können Sie sich genauso zur Seite rollen; dann lassen Sie Ihre Beine über den Bettrand gleiten, während Sie sich – unter Beibehaltung des korrekten Verhältnisses von Kopf, Hals und Rücken – aufrichten. Apropos Bett …

Geeignete Betten und Schlafpositionen

Falls Sie jemals Rückenschmerzen von einem weichen, durchhängenden Bett hatten, ist die Versuchung groß, danach ins andere Extrem zu fallen und eine viel zu harte Matratze anzuschaffen, die dem Gewicht von Hüfte und Schulter nicht nachgibt, wenn Sie auf der Seite liegen – was die meisten von uns die meiste Zeit der Nacht tun. Die Matratze sollte Ihrer Wirbelsäule auch in der Seitenlage erlauben, in etwa gerade zu bleiben. Wenn Sie meinen, daß Sie das selbst nicht beurteilen können, bitten Sie jemanden, Ihren Rücken anzuschauen, während Sie auf der Seite auf Ihrer Matratze liegen, Kopf und Nacken von einem Kissen unterstützt.

Was das Kopfkissen angeht, so hängt alles davon ab, in welcher Position Sie schlafen. Wenn Sie vor allem auf dem Bauch schlafen, so können Sie das Kissen ganz weglassen oder es unter die Brust legen. Wenn Sie es unter Ihren Kopf legen, wird der Kopf zurückgedrückt, was einen steifen Hals und Rückenschmerzen verursachen kann. Wenn Sie auf dem Rücken schlafen, brauchen Sie wahrscheinlich nur ein kleines Kissen – die Höhe Ihres Bücherstapels kann als Anhaltspunkt dienen. Jedoch kann das Kissen etwas flacher sein, da das Bett mit Sicherheit weicher und nachgiebiger sein wird als der Fußboden.

Für das Liegen auf der Seite sollten Sie ein Kissen guter Qualität benützen, das den Raum zwischen Kopf, Schulter und Matratze ganz ausfüllt. Die Anschaffung eines speziellen »Nackenkissens« mit einer Einbuchtung für den Kopf und Unterstützung des Nackens kann sich lohnen, vorausgesetzt, Sie können ausprobieren, ob seine Größe und Form wirklich für Sie paßt. Man kann aber auch improvisieren und ein normales Kissen etwas stabiler gestalten, indem man ein zusammengefaltetes Handtuch unter die Kis-

Abb. 30

Abb. 33

Abb. 31

Abb. 34

Abb. 32

Abb. 35

Abb. 36

Abb. 37

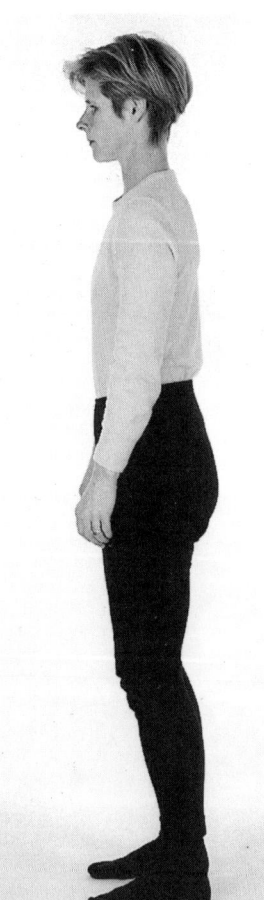

Abb. 30-38: Das Aufstehen nach dem Hinlegen – vermeiden Sie übermäßige Anspannung im Bereich des Halses.

Abb. 38

senhülle an den vorderen Rand des Kissens schiebt. Wer jedoch auf dem Rücken schläft, wird feststellen, daß das »Nackenkissen« Kopf und Hals zu sehr nach oben drückt und so ein entspanntes Ruhen auf dem Kissen verhindert. Rückenschmerzen im Lendenwirbelbereich verschlimmern sich oft, wenn man in der Seitenlage ein Bein über das andere legt. Die Verdrehung der Wirbelsäule, die diese Schmerzen verursacht, kann man durch ein großes Kissen unter dem oberen Knie leicht verhindern, oder auch durch ein Kissen zwischen beiden Knien, wenn man beide Beine anzieht. Genauso kann man manchmal Schmerzen im Brustwirbelbereich durch ein Kissen unter dem oben liegenden Arm lindern. Manche lieben es, in einer fötalen Position im Bett zu liegen – mit dem Rücken in der Form eines großen »C«. Leider können sich dadurch Rückenprobleme verschlimmern; man kann ruhig beide Beine anziehen, aber man sollte versuchen, den Rücken gerade zu lassen.

Natürlich verändert man seine Lage im Schlaf oft, und Sie werden sich fragen, wie man diese guten Ratschläge überhaupt in die Tat umsetzen kann. Zunächst kann man erreichen, daß man wenigstens in einer bequemen Haltung einschläft und sich, wenn man aufwacht, wieder in eine günstige Lage bringt. Mit der Zeit wird man sich so geschult haben, daß man von selbst immer seltener ungünstige Stellungen einnimmt.

Auch beim Lesen im Bett ergeben sich Probleme: Meist drückt man durch große Kissen den Kopf und die ganze Nackenpartie nach oben, um einen guten Blickwinkel auf das Buch zu haben. Es gibt zwei Möglichkeiten, dieses Problem zu umgehen. Einmal kann man einen Buchständer, der auf dem Brustkorb aufliegt, benützen (*Abb. 100*). (Abgesehen vom Umblättern hat man die Hände frei und vermeidet so auch Ermüdungserscheinungen in den Armen und kalte Hände.) Oder aber man beschafft sich einen großen Schaumgummikeil, der die ganze Länge des Rückens gleichmäßig unterstützt.

Jetzt werden wir uns darum kümmern, wie uns die Alexander-Technik bei Aktivitäten unseres Alltags helfen kann.

6 Verlieren Sie nicht den Kopf!

Es gibt viele Wendungen in der Alltagssprache, die auf die Verbindung von geistigem und körperlichem Befinden hinweisen, z.B. »Kopf hoch!« oder »er hat völlig den Kopf verloren«. In diesem Kapitel wollen wir auf die verschiedensten Aspekte der Bewegungen des Kopfes im Verhältnis zum Nacken eingehen. Dadurch werden Sie die Funktion der Primärkontrolle, die Vorbedingung ist für den reibungslosen Ablauf aller Bewegungen, noch besser verstehen. Wir werden auch noch genauer auf die Bedeutung der Anweisungen und ihre Beziehung zueinander schauen.

Welche Stellung der Kopf auch hat, er sollte immer frei auf dem Hals ausbalanciert sein. Dazu brauchen wir das wichtigste Gelenk im menschlichen Körper, das Okzipitalgelenk, das sich zwischen dem Schädel und dem 1. Halswirbel befindet. Dieses Gelenk beeinflußt nicht nur die Effektivität unserer Orientierung durch die Sinnesorgane, sondern auch die freie Beweglichkeit aller anderen Gelenke im Körper.

Kippbewegungen des Kopfes

Egal, ob man den Kopf vorbeugt oder zurücklehnt, die Bewegung sollte *hauptsächlich* im Okzipitalgelenk stattfinden, nicht weiter unten am Halsansatz. Der Kopf neigt dazu, den Bewegungen der Augen zu folgen. Wenn wir nach unten sehen, lassen wir den ganzen Hals mit dem Kopf nach vorne sinken. Dadurch werden die Muskeln im vorderen Bereich des Halses über-

mäßig kontrahiert, und der obere Rücken wird zum Rundrücken. So in sich zusammengesunken sitzen die meisten von uns am Schreibtisch – oft den ganzen Tag lang (*Abb. 39*).

Um nach oben zu schauen, wird der Kopf meist durch Kontraktion der großen Muskeln im Nacken nach hinten und unten zwischen die Schultern gezogen. Diese Bewegung erfolgt, als wäre der Kopf starr mit dem Hals verbunden und als ob die Bewegung des Kopfes weiter unten am Hals beginnen würde (*Abb. 40*).

Abb. 39: Kopf und Hals nach vorne und unten gezogen.

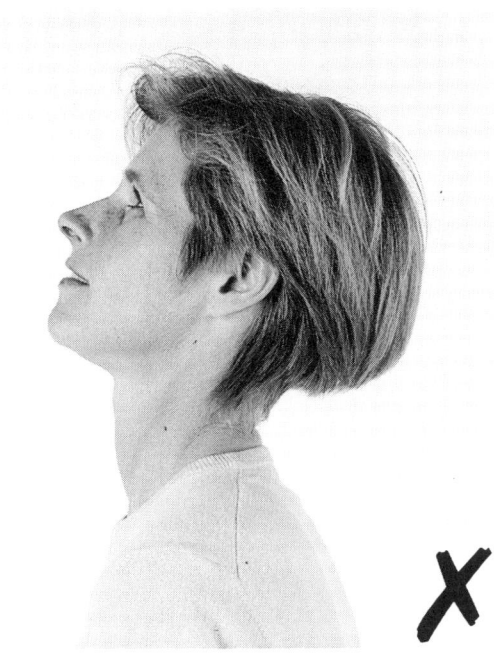

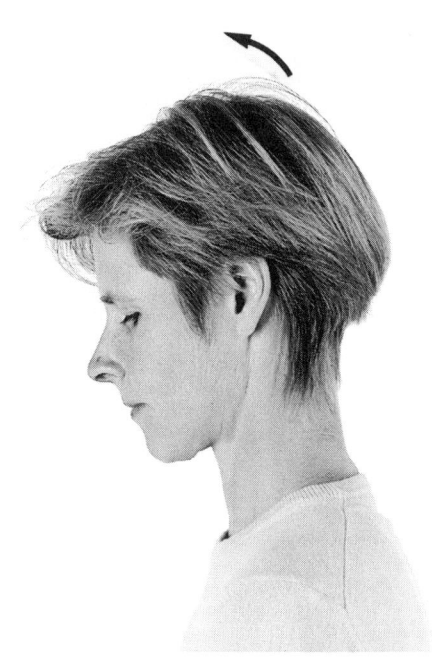

Abb. 40: Kopf nach hinten und unten gezogen.

Abb. 41: Bei Blickrichtung nach unten ist der Kopf nach vorne und oben ausgerichtet.

Man kann das selbst fühlen, wenn man eine Hand in den Nacken legt, während man mit dem Kopf nickt. Es ist, als ob der Nacken gerade oberhalb des 7. Halswirbels einen Knick hätte. (Der 7. Halswirbel läßt sich leicht ertasten, da er am Übergang vom Hals zum Rücken einen deutlichen Höcker bildet.) Diese Gewohnheit, beim Hoch- oder Hinunterschauen Kopf und Hals zusammen zu bewegen, ist sehr ineffektiv und verursacht Spannungen im ganzen Körper. Sie ist die Ursache für Steifheit und Schmerzen im Bereich des Nackens und der Schultern, die oft am Schreibtisch oder beim Autofahren entstehen.

Im Gegensatz dazu kann man eine ökonomischere Bewegung machen, wenn der Kopf gut *oben* auf dem Hals ausbalanciert ist. Man braucht unbedingt einen Lehrer, um alle Feinheiten dieser freien und leichten Kopfbewegung zu erfahren, aber man kann einiges selbst herausfinden. Legen Sie wie zuvor eine Hand in den Nacken. Nach einer kleinen Pause neigen Sie den Kopf ein wenig nach vorne, immer nur ein kleines Stückchen auf einmal, während Sie an Entspannung in der Gegend des Okzipitalgelenks oben am Nacken denken (*Abb. 41*). Jetzt sollte Ihr Hals mehr Kontakt mit der Hand behalten, und wahrscheinlich hat sich auch der Druck und die muskuläre Anspannung im vorderen Bereich des Halses und des Oberkörpers verringert.

Wenn Sie den Kopf zurücklegen möchten, so denken Sie an Entspannung und Längung im vorderen Bereich des Halses und – nach einer Pause – erlauben Sie Ihrem Kopf, auf dem höchsten Punkt des Nackens, leicht nach hinten zu »rollen«, anstelle ihn nach hinten zu ziehen. Nach

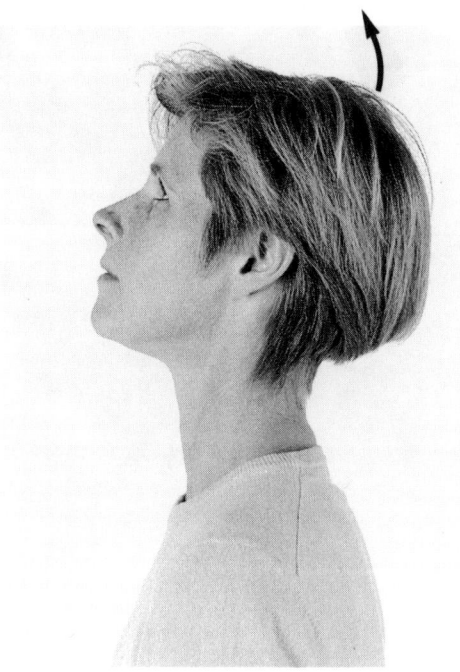

Abb. 42: Blickrichtung nach oben und Kopf nach vorn und oben ausgerichtet.

Drehbewegungen des Kopfes

Die Alexander-Technik sollte es uns ermöglichen, die natürliche Balance des Kopfes auf dem Hals wiederzufinden und zu bewahren – egal, in welcher Stellung sich der Kopf befindet. Allerdings gibt es Kopfhaltungen, die uns einen mehr oder weniger großen mechanischen Vorteil bieten, vor allem, wenn wir längere Zeit in derselben Stellung verbringen. Es hat keinen Sinn, wenn wir den Kopf weit nach hinten, nach vorne oder zur Seite halten – und genau das machen wir ganz oft, wenn wir uns konzentrieren!

Freilebende Tiere müssen in der Lage sein, ihren Kopf schnell zu drehen, so daß sie mit ihren Sinnesorganen schon erste Anzeichen einer drohenden Gefahr erfassen können. Der moderne Mensch macht ähnliche Bewegungen mit Kopf und Augen, wenn er versucht, eine belebte Stra-

einer abermaligen Pause erlauben Sie Ihrem Kopf, sich auf der Spitze des Nackens wieder ein kleines bißchen nach vorne zu bewegen, um jeder Tendenz, den Kopf nach hinten und zwischen die Schultern zu ziehen, entgegenzuwirken. Die Balance sollte noch freier sein, wenn Sie versuchen, den Kopf noch etwas weiter nach hinten zu lehnen. Auf diese Weise sollten Sie dieses Mal weniger Druck auf Ihrer Hand im Nacken spüren (*Abb. 42*).

Natürlich wird man manchmal den Kopf mehr bewegen müssen. Wenn Sie dann nicht vergessen, Ihren Hals »in die Länge« zu denken, während Sie ihn entspannen, werden Sie bessere Chancen haben, daß sich der Hals in *allen* Gelenken bewegt und nicht nur zwischen dem 6. und 7. Halswirbel.

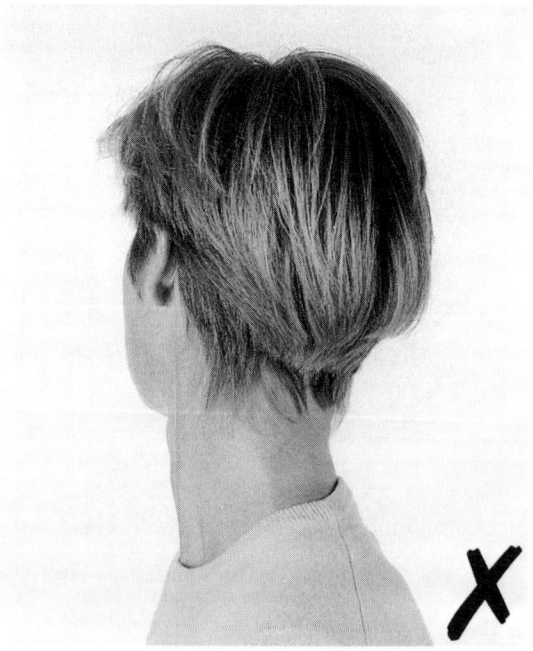

Abb. 43: Der Kopf ist während der Drehbewegung nach unten und zurück gezogen.

ßenkreuzung zu überqueren. Solche Bewegungen sind oft steif und ruckhaft, wenn der Kopf nach hinten zwischen die Schultern gezogen ist (*Abb. 43*). Dem kann man abhelfen, wenn man daran denkt, eine kleine Pause zu machen – und wenn es auch nur ein Sekundenbruchteil ist – die dem Kopf erlaubt, nach vorne und oben zu gehen, und die dem Hals erlaubt, sich zu entspannen. Der Kopf sollte sich dann – den Bewegungen der Augen folgend – leichter und schneller drehen lassen, wie ein gut geöltes Achsenlager (*Abb. 44*).

Es sollte jetzt deutlich sein, warum es nicht empfehlenswert ist, Übungen zu machen, die ausgiebiges Kopfrollen beinhalten: Spannungen werden anders verteilt, aber nicht gelöst; die Unterscheidung von völlig anders gearteten Bewegungen wird verwischt; bei Menschen mit arthritischen Veränderungen der Wirbelsäule

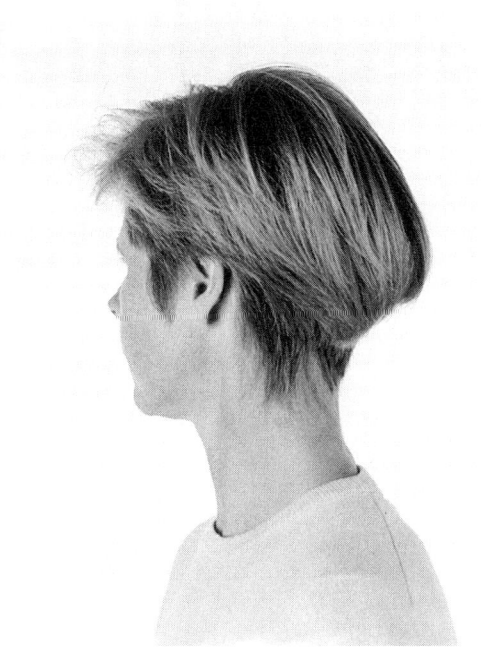

Abb. 44: Freie Drehbewegung des Kopfes.

können Abnutzungserscheinungen der Gelenke und Schwindel verursacht werden.

Mehr über die Anweisungen

Wie Alexander sagte, sollten wir die Anweisungen in der vorgeschriebenen Reihenfolge und schließlich alle zusammen geben. Was aber sollen die Anweisungen übermitteln, und wie wirken sie zusammen? Zunächst sollten wir daran denken, daß sie vor allem *vorbeugend* eingesetzt werden: Sie sollen verhindern, daß der Kopf nach hinten und unten gezogen wird – oder nach vorne und unten –, daß der Rücken sich verkürzt und verengt und auf diese Weise der ganze Körper zusammengesunken und verkrampft ist. Sie sind eher sich ausbreitende Tendenzen *in* unserem Körper als wirkliche Bewegungen unseres Körpers.

Die geschickten Hände eines Lehrers werden Ihnen die Anweisungen am besten »erklären« können. Sie werden so mehr erfahren als durch verbale Erläuterungen, obwohl beides nötig ist. Es wird einige Zeit dauern, bis Sie ein klares Verständnis der Anweisungen entwickelt haben. Am Anfang meint man oft, man hätte alles verstanden, dabei versucht man aber, die Anweisungen zu »tun«, statt sie wirken zu lassen.

Ich lasse meinen Hals frei, damit mein Kopf nach vorne und oben gehen kann

Patrick Macdonald erklärt die Wirkung dieser Anweisung folgendermaßen: Durch sie wird die Blockierung des Okzipitalgelenks gelöst, dadurch kann der Kopf, anstatt nach hinten und unten auf die Wirbelsäule zu drücken, sich nach vorne und oben *ausrichten*. So kann er sich frei auf dem Hals in jede Richtung bewegen.

Die Ausrichtung des Kopfes nach *oben* erlaubt dem Hals, sich ein ganz, ganz kleines bißchen zu längen. Dadurch wird die Aufrichtung und Längung der ganzen Wirbelsäule ermöglicht. Das Resultat dieser Ausrichtung nach »vorne und oben« ist jedoch eher eine Kurve als eine Gerade. Wo genau »vorne und oben« ist, ändert sich je nach Körperform oder -haltung. Wenn Sie gerade aufgerichtet dastehen, denken Sie diese Anweisung fast vertikal nach oben, wenn Sie sich vorbeugen, nach vorne. (Für einen Taucher z.B. kann sich die Ausrichtung schnell um 360 Grad ändern müssen.) Die Richtung, in die Kopf und Hals weisen, ändert sich auch ein wenig, wenn sich die Koordination des Körpers verbessert.

Damit mein Rücken sich längen und weiten kann

Die »Längung« des Rückens in der Alexander-Technik ist etwas völlig anderes als die gewaltsame Zugbehandlung. Das »Streckbett« war eine Form der Folter im Mittelalter, und auch die heutige Form der Zugbehandlung wird wohl eines Tages als schädlich und barbarisch angesehen werden. Die Längung des Rückens ist die sanfteste Art, die zusammengepreßte Wirbelsäule zu befreien: Die Wirbel können sich voneinander weg bewegen, so daß sich der übermäßige Druck auf Bandscheiben und Gelenke verringert.

Die »Längung« der Wirbelsäule findet ihre notwendige Ergänzung in der »Weitung« des Rückens. Darunter versteht man einerseits die seitliche Dehnung im Schulterbereich: Die Schulterblätter bewegen sich, wenn sich die Muskeln im Schultergürtel entspannen, nach unten und zur Seite, die Oberarme rotieren etwas nach innen, und die Ellbogen bewegen sich leicht zur Seite und nach vorne. Andererseits gehört auch die Tendenz des unteren Rückens, sich »auszufüllen«, dazu: Durch die Entspannung der Rückenmuskulatur wird nicht nur die übermäßig

durchgedrückte und gebogene Wirbelsäule gestreckt, sondern auch eine Dehnung und Weitung im Bereich des ganzen unteren Rückens bewirkt (*Abb. 45 u. 46*).

Die Anweisungen der Alexander-Technik wirken ganz subtil gegeneinander und aufeinander ein, so daß sie gleichzeitig ein großes Gefühl der Stabilität, Leichtigkeit und Offenheit erzeugen können, – in starkem Gegensatz zu dem Gefühl lebloser Schwere, das reine Entspannungsübungen mit sich bringen. Der Kopf geht, vom Hals und der übrigen Wirbelsäule aus gesehen, schräg nach oben. (Man sollte immer die ganze Wirbelsäule als eine Einheit betrachten.) Im Gegensatz dazu ist der Rücken nach hinten ausgerichtet, so daß sich das Hohlkreuz strecken und die Hüften sich etwas nach hinten bewegen können. Wenn man die Knie nicht durchdrückt, haben sie die Tendenz, sich leicht nach vorne und in die entgegengesetzte Richtung von Hüften und Lendenwirbelsäule zu bewegen. Dadurch kann das Becken leicht nach vorne kippen, die Gesäßmuskeln können sich entspannen, und die natürliche Ausgewogenheit des Körpers ist wiederhergestellt.

Alexander benützte das Wort »Rücken« wie eine Abkürzung nicht nur für den Rücken, sondern für den ganzen Rumpf. Manchmal ist es hilfreich, sich Hals und Oberkörper als zwei verschieden große Zylinder vorzustellen. Den kleineren der Zylinder kann man in den großen hineinschieben. Durch die Anweisungen und die Entspannung des Halses dehnt sich der »kleinere Zylinder« und schiebt sich aus dem größeren heraus.

Misha Magidov benützt ein anderes Bild. Er beschreibt das Verhältnis von Rumpf und Gliedern folgendermaßen: Man stelle sich Nacken und Oberkörper als eine Art Wassertank vor, die Glieder als Schläuche. Durch die Anweisungen steigt der Druck im Inneren des Tanks, und das Wasser strömt frei durch alle Glieder (»Schläuche«), sowie sich die Gelenke entspannen bzw. »öffnen«. Die Richtung der Anweisungen geht immer vom Zentrum nach außen.

Der Gebrauch der Augen und die geistige Verfassung

Blicken Sie bitte nicht starr nach oben, wenn Sie die Anweisungen geben! Das passiert nämlich meistens, wenn man versucht, mit den Anweisungen ein Resultat zu erzwingen. Dadurch erreicht man aber genau das Gegenteil von dem, was man möchte: Das Kinn wird angehoben, der Hals angespannt und der Kopf zurückgezogen. Konzentration ist eine geistige Verfassung, die leicht Verspannungen im Körper hervorruft. Durch die Alexander-Technik sollten wir versuchen, unsere Fähigkeit zur Aufmerksamkeit zu erweitern. Der Gegenstand unserer Konzentration sollte nie isoliert betrachtet werden: Die »Figur« braucht ihren »Hintergrund«. Diese erweiterte Aufmerksamkeit umfaßt nicht nur die üblichen Informationen durch die Sinnesorgane, Gedanken und Gefühle, sondern auch die des kinästhetischen Sinnes. So kann sich der Zustand ruhiger, gesammelter Aufmerksamkeit im Körper spiegeln. Zum Beispiel ist die Stirn nicht gerunzelt, der Blick nicht starr, die Augen sind frei beweglich, und der Wimpernschlag ist regelmäßig. (Die Psychologen haben die Anzahl der Wimpernschläge in einer gegebenen Zeit als ein Maß für die Konzentration benutzt. Bei großer Konzentration hört das Blinzeln fast ganz auf, wohingegen bei Beunruhigung oder Erregung viel öfter als im Normalfall geblinzelt wird.)

Es gibt ein Augen-Training, die »Bates-Methode«[22], das einige Berührungspunkte mit der Alexander-Technik hat. W.H. Bates war ein Augenarzt, der der Meinung war, daß man nicht immer

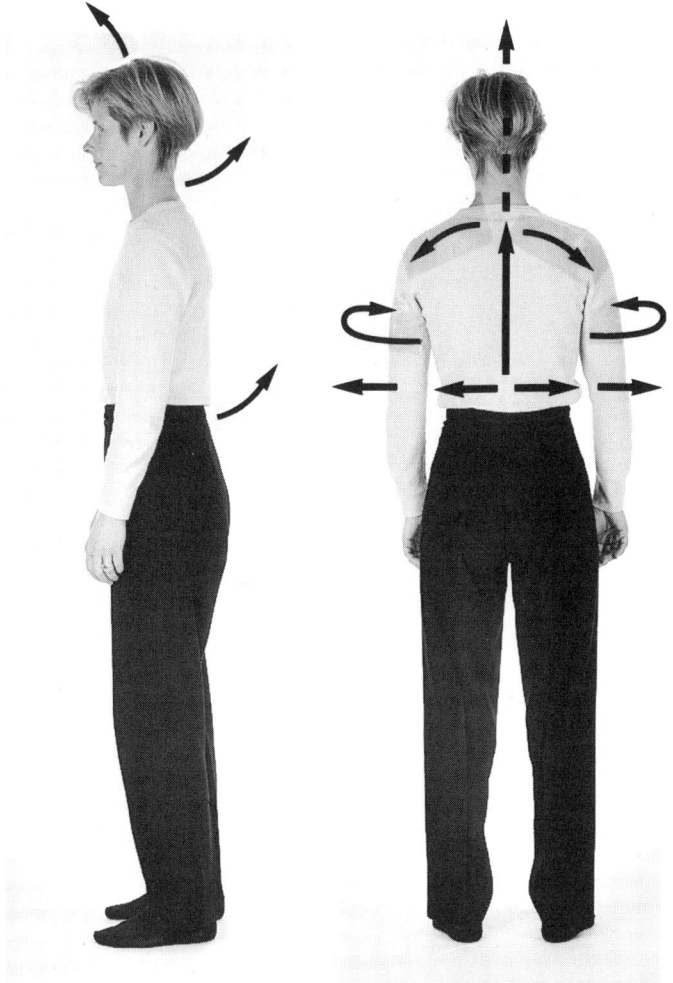

Abb. 45 und 46: Die Anweisungen und wie sie zusammenwirken.

stärkere und stärkere Brillen verschreiben sollte, sondern lieber die Augen trainieren sollte, was die Brille für viele völlig überflüssig machen würde. Es scheint mir, daß diese Methode für viele Menschen mit bestimmten Sehproblemen sehr hilfreich sein kann – und wenn es nur durch die Selbsterkenntnis ist, die sie so gewinnen. Ich glaube jedoch, wie Aldous Huxley, daß man die Alexander-Technik als solide Grundlage für spezifische Verbesserungen braucht. Die Kurzsichtigkeit meines rechten Auges, die sich in meiner Jugendzeit entwickelt hatte, besserte sich bedeutend während meiner Ausbildung zum Alexander-Lehrer, ohne daß ich besonders an meiner Sehkraft gearbeitet hätte. Auch demonstrierte mir ein Lehrer der Bates-Methode sehr überzeugend, daß sich die Sicht auf meinem rechten Auge jedesmal etwas verschlechterte, wenn ich nervös wurde, weil ich allerkleinste Buchstaben auf der Tafel nicht erkennen konnte. Ich fand jedoch, daß ich meine Sehkraft am besten wieder herstellen konnte, wenn ich die Anweisungen für das korrekte Verhältnis von Kopf, Hals und Rücken gab.

Die Bewegungen der Augen im Verhältnis zu denen des Kopfes

Wenn sich Ihr Hals entspannt und Ihr Kopf weniger nach hinten gezogen ist, werden Sie vielleicht merken, daß Ihre Blickrichtung etwas mehr nach unten geht, leicht unter die Horizontale. Das passiert, weil die Augen oft zusammen mit dem Kopf bewegt werden.

Die Blickrichtung in der Horizontalen (etwa in Richtung der Nase nach) geht meist mit dem sehr nach hinten gezogenen Kopf zusammen. Wenn Sie aber versuchen, Ihren Blick zu senken, um das Zurückziehen des Kopfes zu vermeiden, sollten Sie nicht den Fehler machen und über-

kompensieren, indem Sie das Kinn an die Brust pressen! Statt dessen sollten Sie Ihren Augen öfter erlauben, sich unabhängig vom Kopf zu bewegen. Von dieser Möglichkeit machen wir bei weitem nicht genug Gebrauch: Man sollte immer die Augen bewegen, wenn nur kleine Änderungen in der Blickrichtung nötig sind, statt mit beträchtlicher Muskelanspannung den ganzen Kopf herumzudrehen. Gleichzeitig muß man aber aufpassen, daß man das Okzipitalgelenk nicht blockiert, wenn man den Kopf still hält, um die Augen zu mobilisieren. Dieser neue Gebrauch der Augen wird sich zunächst etwas merkwürdig anfühlen.

Die Bewegungen der Augen sind sehr eng mit unserem Gleichgewichtssinn verbunden. Eine Theorie über die Gründe der schlechten Körperkoordination besagt, daß die Jäger und Sammler der Vergangenheit (d.h. fast alle unserer Vorfahren während der langen Evolutionszeit) ständig damit beschäftigt waren, das direkt vor ihnen liegende Gelände mit den Augen abzusuchen. Dadurch gewöhnten sie sich daran, den Kopf leicht nach vorne zu neigen, was ihnen auch ermöglichte, das Gleichgewichtsorgan im Innenohr in einer neutralen, gut ausbalancierten Position zu halten.

Im nächsten Kapitel beschäftigen wir uns mit dem Stehen und Gehen. Wir lernen, ein steifes und unsicheres Gleichgewicht zugunsten eines flexiblen und anpassungsfähigen aufzugeben.

7 Die Beine

Viele Menschen mit Rückenschmerzen bekommen zusätzliche Probleme, wenn sie längere Zeit stehen müssen. Es gibt Theorien, die besagen, daß sich Homo sapiens noch nicht ausreichend für die Fortbewegung auf zwei Beinen entwickelt hat. Gibt es deshalb derartig häufig Rückenprobleme? Nach Tinbergen[23] ist das unwahrscheinlich, denn die menschliche Rasse hatte 5 Millionen Jahre Zeit, den nötigen Mechanismus zu entwickeln. Er sieht – und da stimmt er im wesentlichen mit Alexander überein – im ständigen Sitzen (manche Leute verbringen 24 Stunden in der Woche vor dem Fernseher) und in den Belastungen des hektischen, modernen Lebens die Hauptgründe.

Was man erworben hat – wir sprechen hier nicht von angeborenen Schäden –, kann man auch wieder loswerden. Das zeigen uns die Erfahrungen Alexanders, die der von ihm ausgebildeten Lehrer und ihrer zahlreichen Schüler.

Man kann wirklich große Fortschritte im Gebrauch seines Körpers machen, wenn man sich die Prinzipien der Alexander-Technik zu eigen macht und richtig anwendet.

Das Stehen

Wenn wir stehen, sacken wir in der Regel in uns zusammen und spannen die Muskeln dann wieder an, um uns überhaupt aufrecht halten zu können. Natürlich gibt es viele verschiedene Arten zu stehen, aber heute sieht man häufig ein ausgeprägtes Hohlkreuz, mit nach vorne geschobenen Hüften, durchgedrückten Knien und auf den vorderen Teil des Fußes verlagertem Körpergewicht (Abb. 47 u. 48). Dieser Haltungsfehler verschlimmert sich noch, wenn Schuhe mit Absätzen getragen werden. Mit der Zeit verkürzen sich die Muskeln an der Hinterseite des Beines und auch die Achillessehne, so daß die Beweglichkeit der Ferse sehr eingeschränkt ist und beugende Bewegungen erschwert werden. Übungen, bei denen man seine Zehen berühren muß, betonen diese Steifheit in den Beinen nur – eine Form der »Selbstmißhandlung«, auf die wir verzichten können.

Stellen Sie sich ohne Kleidung vor einen Spiegel, der Sie in ganzer Länge zeigt. Betrachten Sie sich sorgfältig mit Hilfe eines zweiten Spiegels (eventuell reicht schon ein kleiner Handspiegel) von vorne, von der Seite und von hinten. Sie werden mit großer Sicherheit sehen, daß Sie nicht völlig gerade stehen. Dennoch haben Sie wahrscheinlich das Gefühl, daß Sie ganz gerade sind. Wenn Sie normalerweise Ihren Rücken nach hinten durchdrücken und jetzt versuchen, gerade aufgerichtet zu stehen, meinen Sie wahrscheinlich, Sie würden nach vorne fallen. Das ist ein Problem, wenn man seine Haltung ändern möchte. Das andere, größere Problem entsteht, wenn man seine Haltung im »Alleingang« zu verändern sucht. Meist hält man sich dann steif, in einer starren Haltung, von der man annimmt, daß sie »korrekt« ist (Abb. 49).

Was wir brauchen, ist eine Art zu stehen, die es uns ermöglicht, uns mühelos und frei zu bewegen. Wenn die Knie durchgedrückt sind, sind auch andere Gelenke blockiert, und das ganze

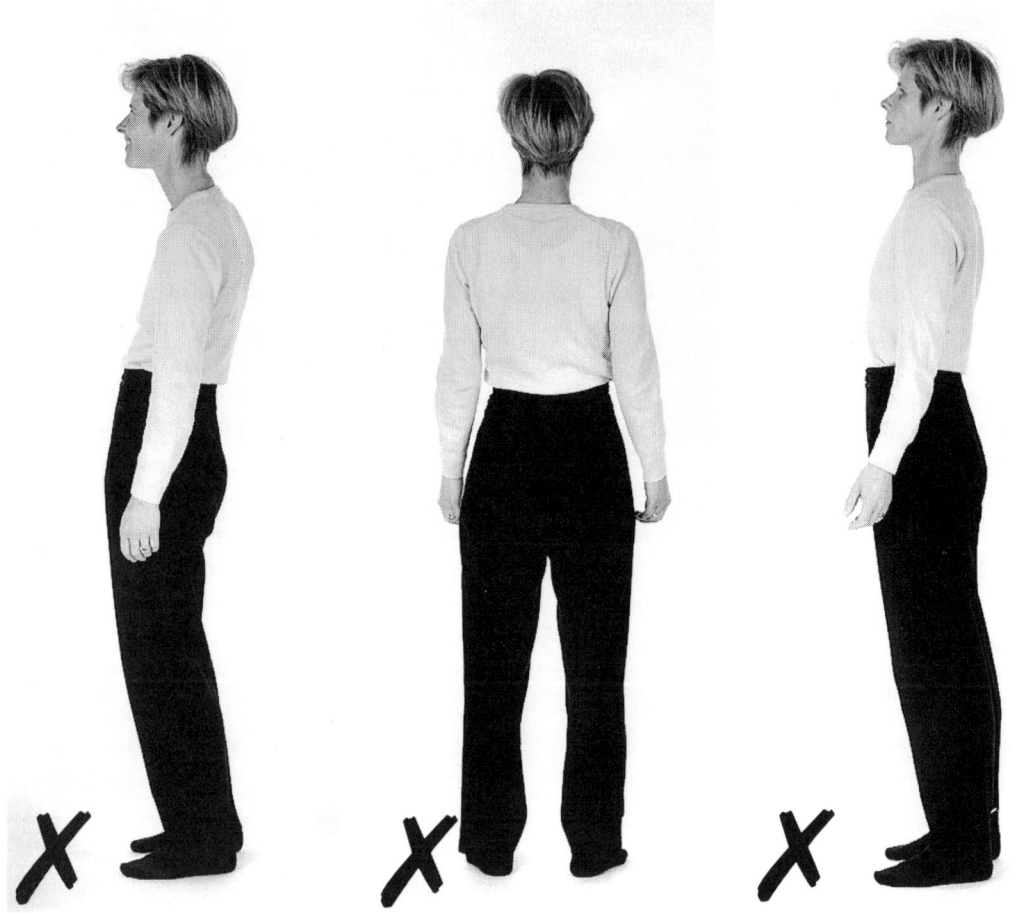

Abb. 47 und 48: Das bekannte Hohlkreuz.   *Abb. 49: Verkrampftes Geradestehen.*

Gleichgewicht ist starr. Stellen Sie sich vor, daß Sie in einem überfüllten Bus oder Zug reisen und stehen müssen. Durch das Rütteln des Fahrzeuges gerät man leicht aus der Balance. Umso größer ist die Versuchung, die Beine zu versteifen und fest in den Boden zu stemmen, um nicht umzufallen. Auf solche Art zu stehen, erfordert große Muskelarbeit. Wenn Sie sich statt dessen weich in den Knien abfedern, während Ihre Füße guten Kontakt zum Boden halten und Ihr Oberkörper sich von den Hüften aus nach oben »längt«, können Sie ein lockeres, instabiles Gleichgewicht entdecken, das es Ihnen ermöglicht, alle Bewegungen des Fahrzeugs mitzumachen, ohne daß Sie Angst vor dem Umfallen haben müssen. Denken Sie an ein Stehaufmännchen, das immer »nach oben« fällt. (Auch ohne die Schwierigkeit, Fahrbewegungen ausgleichen zu müssen, können Sie mit diesem beweglichen Gleichgewicht experimentieren: Richten Sie sich zu Ihrer vollen Größe auf und verlagern Sie Ihr Körpergewicht seitlich, nach vorne und nach hinten, mal sind die Knie durchgedrückt, mal bleiben sie locker.)

66

Das gut ausbalancierte Stehen

Jetzt wollen wir noch genauer auf Einzelheiten der Körperhaltung beim Stehen eingehen und wie man sie verbessern kann. Stellen Sie die Füße nebeneinander, relativ nah beisammen, oder stellen Sie einen Fuß schräg vor den anderen.

Füße nebeneinander: Je weiter die Füße voneinander entfernt stehen, desto mehr sollten die Zehen nach außen zeigen. (Wenn man die Knie bewegt, sollten sie sich in dieselbe Richtung, leicht nach außen, bewegen.) Viele lassen jedoch die Zehen nach außen zeigen, wenn die Füße ganz beieinander stehen. (Im klassischen Ballett kann man diese Stellung oft begleitet von einem durchgedrückten und verengten unteren Rücken sehen.) Wenn Ihre Füße normalerweise sehr nach außen zeigen und Sie diese Stellung jetzt ändern, so daß die Füße, wenn sie nah beieinander stehen nur noch ganz wenig nach außen ausgerichtet sind, dann haben Sie wahrscheinlich zuerst das Gefühl, die Füße wären einwärts gestellt – ein anderer klassischer Fall unzuverlässiger Sinneswahrnehmung.

Denken Sie die Anweisungen, aber erinnern Sie sich, sie nicht direkt auszuführen: Ich lasse meinen Hals frei, damit mein Kopf nach vorne und oben gehen kann, und damit mein Rücken sich längen und weiten kann. Achten Sie darauf, daß Sie den Atem nicht anhalten oder den Blick fixieren. Während Sie sich weiter »in die Länge denken«, vergessen Sie die Weitung nicht und erlauben Sie Ihrem Rücken – vor allem im unteren Bereich – sich voll auszudehnen. (Vielleicht finden Sie die Vorstellung, daß Ihr Rücken »lächelt«, hilfreich.) Während Ihr Oberkörper sich von den Hüften aus aufrichtet, Ihr Rücken sich weiter dehnt, bewegen die Hüften sich leicht nach hinten. Als Gegen-gewicht zu dieser Ausrichtung des Rückens und der Hüften nach hinten sollten die Knie weich etwas nach vorne nachgeben. Die ganze Zeit über dürfen Sie aber die »Längung« der Wirbelsäule nicht vergessen. Schließlich sollte sich Ihr Körpergewicht so verteilen, daß das Hauptgewicht auf einem Punkt etwa 3 Zentimeter vor Ihrem Fersenknochen ruht und sich von dort gleichmäßig auf den ganzen Fuß verteilt (*Abb. 50 u. 51*).

Ein Fuß schräg vor den anderen: Eine andere Möglichkeit zu stehen – natürlich mit jeder Menge Varianten – ist, einen Fuß etwas vor den anderen zu stellen. Ungefähr 60 Prozent des Körpergewichts sollten auf dem hinteren und 40 Prozent auf dem vorderen Bein ruhen, das im Knie leicht abgewinkelt ist (*Abb. 52*). Aber auch das Knie des zurückgestellten Beines sollte nicht durchgedrückt sein, sondern nachgeben, wie eine kräftige, aber elastische Säule. Stellen Sie sich vor, daß eine Art »Aufrichtekraft« von dem Punkt vor der Ferse durch den ganzen Körper geht. Dadurch bleibt das Becken gerade und kippt nicht auf einer Seite nach unten, und auch der Rücken verdreht sich nicht oder knickt seitlich ein – eine Haltung, die sich oft bei Jugendlichen beobachten läßt (*Abb. 53*).

Natürlich kann man Stand- und Spielbein öfter wechseln. Allerdings nicht, wenn ein Bein länger als das andere ist, was manchmal nach schlecht verheilten Beinbrüchen der Fall sein kann. Dann ist es günstig, das längere Bein im Knie etwas mehr zu beugen als das andere und es nach vorne zu stellen. Dadurch wird die Schiefstellung des Beckens und des Rückens verringert.[24]

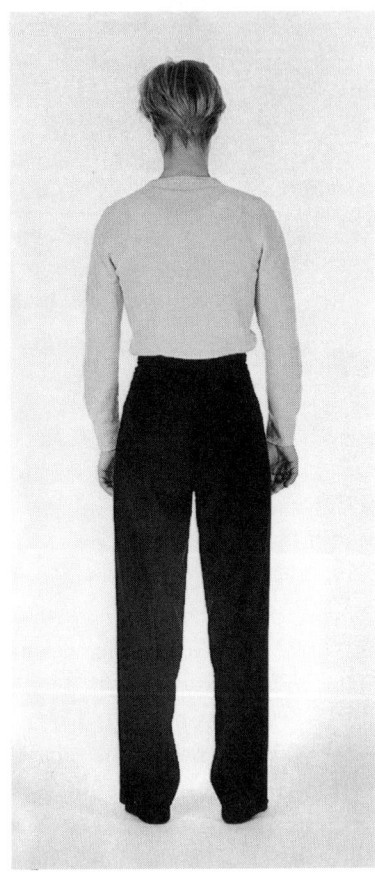

Abb. 50 und 51: Ausgewogene Haltung beim Stehen, mit den Füßen nebeneinander. Der Rücken ist »gelängt« und »geweitet«, die Handflächen zeigen nach innen.

Das Gehen

Spazierengehen ist für Menschen aller Altersstufen eine der besten Möglichkeiten, sich Bewegung zu verschaffen. Fast alle Teile des Bewegungsapparates sind beteiligt, und auch der Kreislauf wird angeregt. Man kann sein eigenes Tempo wählen und braucht keine bestimmte Zeit des Tages dafür zu reservieren, obwohl viele das gerne tun. Man kann die Zeit zum stillen Nachdenken benützen, die Gegend betrachten oder sich mit einem Freund unterhalten.

Es kann auch Freude machen, einfach nur um des Gehens willen zu gehen. Der menschliche Körper ist wirklich ein bewundernswerter Mechanismus, wenn er sich so leicht und anmutig bewegt! Etwa im Alter von einem Jahr haben wir das Laufen gelernt, und wir wissen nicht, *wie* wir eigentlich laufen. Oft sind es Rückenschmerzen, eine Verletzung oder Schwangerschaft, die uns zum ersten Mal zwingen, darüber nachzudenken. Ist es nicht viel besser, sich schon vorher einmal mit der Koordination beim Gehen zu befassen, so daß Probleme gar nicht erst auftreten?

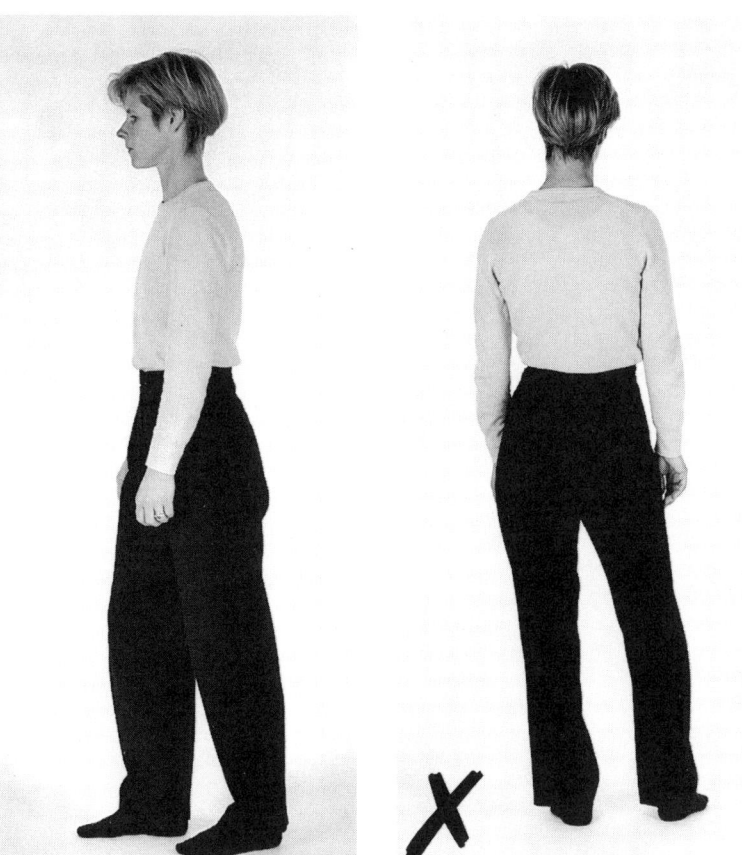

Abb. 52: Ausgewogene Haltung beim Stehen, die Füße schräg voreinander.

Abb. 53: (rechts außen) Das Gewicht ist ungleichmäßig verteilt, das Becken verschoben, die Wirbelsäule verdreht.

Fallen Sie nach unten oder nach oben?

Wenn Sie jemand fragen, was er eigentlich macht, wenn er läuft, gibt es meist eine lange Pause. Dann kommt eine Antwort wie: »Ja, natürlich setze ich eine Fuß vor den anderen!« Wenn man dann weiter fragt, was mit dem Rest des Körpers geschieht, hat der Betreffende meist keine Ahnung.

Es ist überhaupt der häufigste Fehler beim Gehen, daß man die Bewegung völlig von den Beinen ausgehen läßt, ohne Rücksicht auf den Rest des Körpers. Das Vorwärtsschwingen des Beines geht manchmal mit einer Tendenz einher, die Hüfte anzuheben und nach vorne zu schieben, während der Rücken hinter der Bewegung zurückbleibt und im Hüftbereich verdreht wird, damit die Balance gewahrt bleiben kann (Abb. 54).

Oft sieht man auch, wie das Bein mit steifem Knöchelgelenk und verkrampften Zehen schwer mit der Ferse zuerst auf den Boden fällt und gleichzeitig Kopf und Nacken sich nach vorne und unten bewegen, so daß alle Gelenke im Körper unter Druck gesetzt werden (Abb. 55). Da man so den Fuß nur wenig anhebt, kann man

69

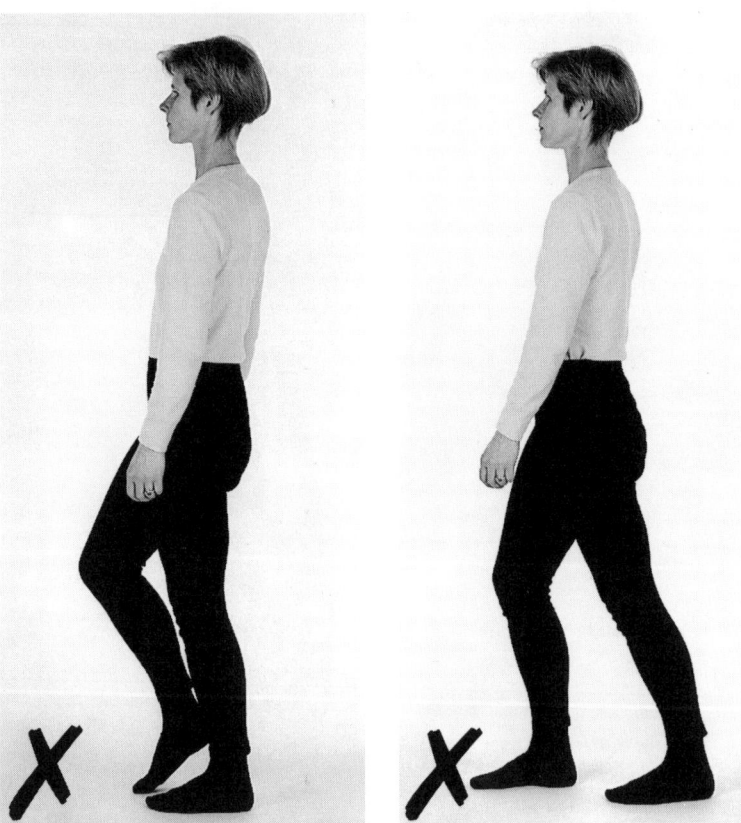

Abb. 54 und 55: Wie man nicht laufen sollte:

Abb. 54: Das Bein führt, der Rücken bleibt hinter der Bewegung zurück.

Abb. 55 (ganz rechts): Das Körpergewicht fällt schwer auf das vordere Bein – übermäßige Belastung aller Gelenke.

leicht stolpern und hat auf unebenem Boden Balanceprobleme.

Anstatt uns auf ein Bein nach dem anderen fallen zu lassen, sollten wir versuchen, »nach oben« zu fallen! *Der Kopf weist nach vorne und oben, der Körper folgt dieser Tendenz, schließlich bewegt sich das entsprechende Bein nach vorne, um den Körper zu unterstützen (Abb. 56 u. 57).* Beim Gehen wird das Körpergewicht von einem Bein auf das andere verlagert. Hier kann ein Prinzip aus dem T'ai Chi hilfreich sein, den Bewegungsablauf besser zu verstehen: Im T'ai Chi versucht man immer, »vollgewichtig« in der Bewegung zu sein, d.h. das Körpergewicht sollte völlig auf einem Bein ruhen, *bevor* man einen Schritt macht und das Gewicht auf das andere

Bein überträgt. Wenn Sie das Gewicht immer auf beide Beine verteilt haben – wie im normalen Laufen – und leicht von einem Bein zum anderen schwanken, so können Sie viel leichter das Gleichgewicht verlieren.

Das ganze Körpergewicht auf ein Bein zu verlagern, ist aber ein recht schwieriger Balanceakt für die meisten von uns. Wenn Sie jemand bitten, sehr langsam oder rückwärts zu gehen, können Sie die Instabilität und Ruckhaftigkeit der Bewegung sehen. Man sollte in der Lage sein, vorwärts zu gehen, das Tempo zu verlangsamen, anzuhalten und rückwärts zu gehen, ohne dabei die Kontrolle über die Bewegung zu verlieren. Obwohl das Gehen eine grundlegende Fähigkeit ist, erfordert es doch große Geschicklichkeit.

70

Abb. 56 und 57: Verbesserter Gang: Der Kopf führt, der Körper folgt, und dann kommt das Bein.

Nachfolgend wird beschrieben, wie man seine Koordination beim langsamen Schreiten verbessern kann. (Es handelt sich um eine Weiterentwicklung des Vorgangs, der von Barlow zur Aufdeckung von Fehlern beim Laufen benutzt wird.)[25]

Das Gehen: Der erste Schritt

1.) Stellen Sie sich vor einen Spiegel, und postieren Sie zwei Stühle mit dem Rücken so vor sich, daß Sie die Rückenlehnen wie ein Geländer zu Ihrer Rechten und Linken haben. (In den Abbildungen ist nur ein Stuhl gezeigt.) Umfassen Sie locker die Lehnen, die Finger zeigen gerade nach unten, die Ellbogen nach außen. (Wenn Sie noch mehr über den Gebrauch der Arme erfahren haben – Kapitel 8 und 9 – lohnt es sich bestimmt, noch einmal zu diesem Abschnitt zurückzukommen.) Die Stühle geben Ihnen zu Anfang etwas Unterstützung; falls Sie die Balance verlieren sollten, müssen Sie sich nicht verkrampfen, um aufrecht zu bleiben. Ihre Füße sollten relativ nah beisammen stehen und nur ganz leicht nach außen zeigen.

Geben Sie die Anweisungen, und denken Sie an die Aufrichtung des Oberkörpers, während Sie Ihr Gewicht auf ein Bein verlagern. Achten Sie darauf, daß Ihre Hände weiterhin nur locker die Stuhllehnen umfassen. Denken Sie weiter an die Längung, und beugen Sie das andere Bein im Knie, so daß Sie den ganzen Fuß mit Ausnahme der Zehenspitzen vom Boden heben können.

Vielleicht bemerken Sie, daß die Hüfte mit nach vorne und oben geht und der Rücken sich durchdrückt. Wenn Ihr Knie sich nach außen oder innen bewegt, verteilt sich das Körpergewicht entsprechend auf die Außen- oder Innenseite des Fußes (*Abb. 58 u. 59*).

Was kann man tun, um die unnötigen Bewegungen zu vermeiden? Wichtig ist vor allem, daß Sie daran denken, nur indirekt Einfluß auszuüben, indem Sie sich den »Mitteln«, durch die Sie Ihr Ziel erreichen können, zuwenden. Wenn Sie versuchen, die Bewegung »korrekt« auszuführen, werden Sie sich wahrscheinlich verkrampfen. Ihr Hauptinteresse sollte der Primärkontrolle gelten, danach sollten Sie an Längung und Weitung Ihres Oberkörpers denken, und erst dann können Sie Ihren Knien erlauben, von den Hüften und dem Rücken weg nach vorne und oben zu gehen; der Rücken selbst bleibt hinten. Wahrscheinlich wird Ihnen das anfangs nicht leichtfallen; aber wenn Sie weiter geduldig und mit Hilfe eines Lehrers an den »Mitteln wodurch« arbeiten, wird Ihr Gang sich immer mehr verbessern, auch dann noch, wenn Sie allein weiterarbeiten (*Abb. 60 u. 61*).

Jetzt können Sie die Koordination etwas verfeinern. Versuchen Sie, die Bewegung ganz langsam und glatt ablaufen zu lassen. Denken Sie daran, den Atem nicht anzuhalten und die Arme locker zu lassen. Schauen Sie nicht nach unten auf die Beine, das verleitet dazu, den Oberkörper nach vorne zu krümmen, sondern benützen Sie zur Selbstbeobachtung den Spiegel. Wiederholen Sie den ganzen Vorgang mit dem anderen Bein.

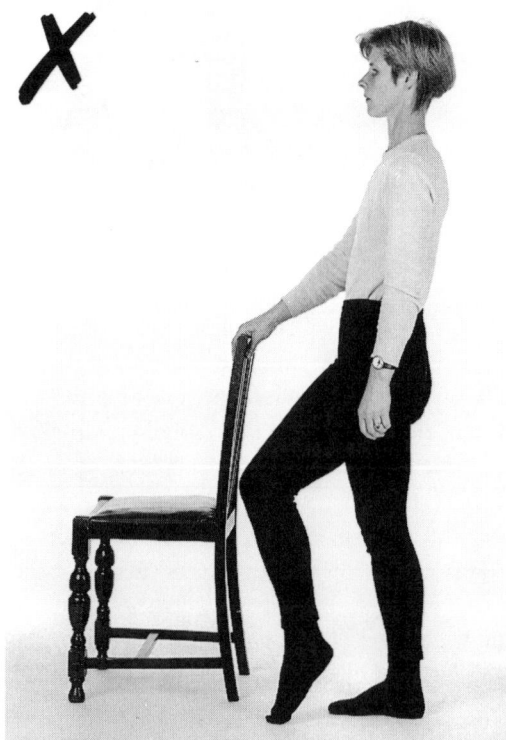

Abb. 58

Abb. 59

2.) Als nächstes können Sie die Knie abwechselnd heben, so daß Sie gleichsam auf der Stelle laufen. Eilen Sie nicht! Wenn Sie die ganze Zeit die Primärkontrolle aufrechterhalten, sowohl wenn Sie das Knie anheben, als auch wenn Sie die Ferse wieder auf den Boden setzen, wird es Ihnen gelingen, Ihren Oberkörper in optimaler Länge zu halten und das Einknicken der Hüfte zu verhindern.

3.) Als nächsten Schritt sollten Sie üben, das Knie ein wenig höher zu heben, so daß sich der ganze Fuß vom Boden löst.

4.) Als letztes lassen Sie wieder den Kopf nach vorne und nach oben gehen, und – während der Körper folgt – erlauben Sie dem Knie, sich nach vorn und oben zu bewegen, von der Hüfte und dem unterem Rücken weg, und heben so den Fuß ganz vom Boden ab. Knöchel, Fuß und Zehen sollten entspannt bleiben, das Bein landet wieder weich auf dem Boden. Denken Sie dabei weiter an die Längung Ihres Oberkörpers, während Sie den ersten Schritt machen, versteifen Sie das Knie nicht. Jetzt können Sie gehen! Wenn Sie es schaffen, Ihren Rücken nicht durchzudrücken, wird die Ferse den Boden wahrscheinlich gerade vor dem übrigen Fuß berühren.

Mit zunehmender Übung wird die Gleichgewichtsverlagerung von einem Fuß auf den anderen immer müheloser. Nach einiger Zeit können Sie auch auf die Stühle verzichten. Achten Sie darauf, daß Sie nicht zu sehr von einer Seite auf die andere schwanken, eine deutliche Zunahme

Abb. 60

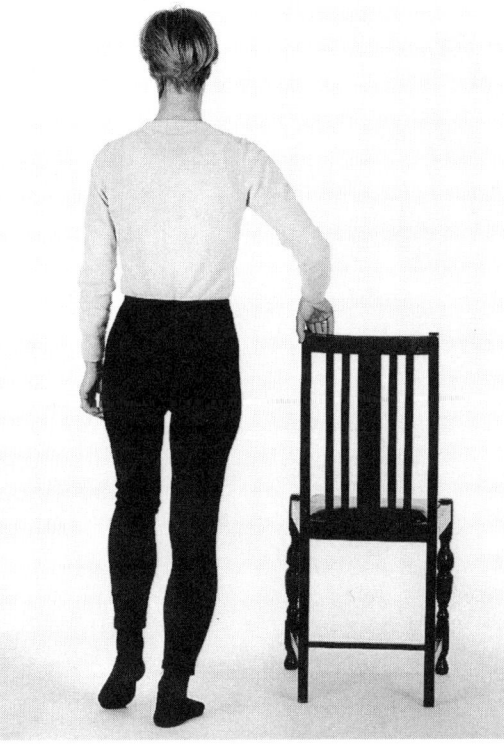

Abb. 61

73

des Drucks auf der Außenseite der Füße zeigt Ihnen das an.

Besonders an Anfang werden Sie wahrscheinlich kleinere Schritte als normalerweise machen müssen; so ist es leichter, das korrekte Verhältnis von Kopf, Hals und Rücken zu bewahren. Es kann auch hilfreich sein, von Zeit zu Zeit stehen zu bleiben, um zu beobachten, was vor sich geht. Je mehr Sie »zielstreben«, desto mehr Verspannungen werden im unteren Bereich des Rückens auftreten. Geben Sie immer wieder die Anweisungen, um der Verkürzung der Statur durch übermäßige muskuläre Anspannung und der Verbiegung der Wirbelsäule entgegenzuwirken. Dann werden Sie sich auch die Freiheit und Leichtigkeit der Bewegungen über längere Zeit bewahren können, ohne die schöne Ausgewogenheit Ihrer Haltung zu verlieren. (Betrachten Sie das Bild, auf dem Alexander im Gehen dargestellt ist, S. 20.)

Während Sie die Anweisungen für die Primärkontrolle geben, erlauben Sie Ihren Schultern, sich zu entspannen und zur Seite zu gehen, die Arme sollten sich frei und leicht mitbewegen: Jeder Arm schwingt in einer Gegenbewegung mit dem Bein der anderen Körperseite mit nach vorn.

Das langsame Schreiten im T'ai Chi

Das Gehen im »Zeitlupentempo«, das im T'ai Chi gelehrt wird, kann uns helfen, unser normales Laufen, das Treppensteigen und das Gehen auf abschüssigem Grund zu verbessern. Bei dieser Gangart wird der Fuß sanft auf den Boden gesetzt, *bevor* der Kopf sich nach vorne und oben bewegt und so das Gewicht auf das nach vorne gestellte Bein übertragen wird. Achten Sie darauf, Ihren Rücken nicht durchzudrücken, wenn Sie das Knie bewegen.

Sie können auch versuchen, sehr langsam rückwärts zu gehen; die Ferse sollte so weit wie möglich Kontakt mit dem Boden aufgenommen haben, bevor Sie den Fuß mit Ihrem Gewicht belasten. Zuerst ist es viel einfacher, nur sehr kleine Schritte nach hinten zu machen. Die grundlegende Idee ist wieder, »vollgewichtig« auf einem Bein zu bleiben, bis zu dem Moment, in dem das andere Bein niedergesetzt und belastet wird – das Bein, das bewegt wird, ist »leer«, d.h. man hat bis zum letzten Moment noch die Freiheit, die Bewegung zu ändern.

Das Stehen auf Zehenspitzen

Durch die Gewichtsverlagerung auf den vorderen Teil des Fußes ist man versucht, die Brust anzuheben; so entsteht leicht ein ausgeprägtes Hohlkreuz (*Abb. 62*). Das Hohlkreuz wird oft noch verstärkt durch die Notwendigkeit, nach oben zu blicken und die Arme anzuheben, wie z.B. beim Wäscheaufhängen oder beim Versuch, einen Gegenstand auf einem hoch angebrachten Regal zu erreichen. Um zu erfahren, wie man auf den Zehenspitzen stehen und doch den Rücken »nach hinten« gehen lassen kann, sollten Sie sich mit Ihren Fersen relativ nah an einer Tür oder glatten Wand aufstellen. Geben Sie die Anweisungen für die Primärkontrolle, und lassen Sie die Wand Ihren Rücken so weit es geht »begradigen«, während Sie an die Längung Ihres Oberkörpers denken. Geben Sie weiter die Anweisungen und schieben Sie sich – der Kopf führt die Bewegung – langsam an der Wand entlang nach oben, so daß Sie erst auf den Fußballen und dann auf den Zehen stehen (*Abb. 63 u. 64*). Halten Sie diese Stellung einen Moment, dann richten Sie Ihren Kopf nach vorne und oben aus und entspannen Ihre Knöchel, so daß Sie wieder flach auf Ihren Füßen stehen.

Als nächstes denken Sie wieder an die Längung Ihres Oberkörpers und lehnen sich von den Knöcheln aus etwas nach vorn, so daß Ihr Gewicht auf den Fußballen ruht. Dadurch wird sich der

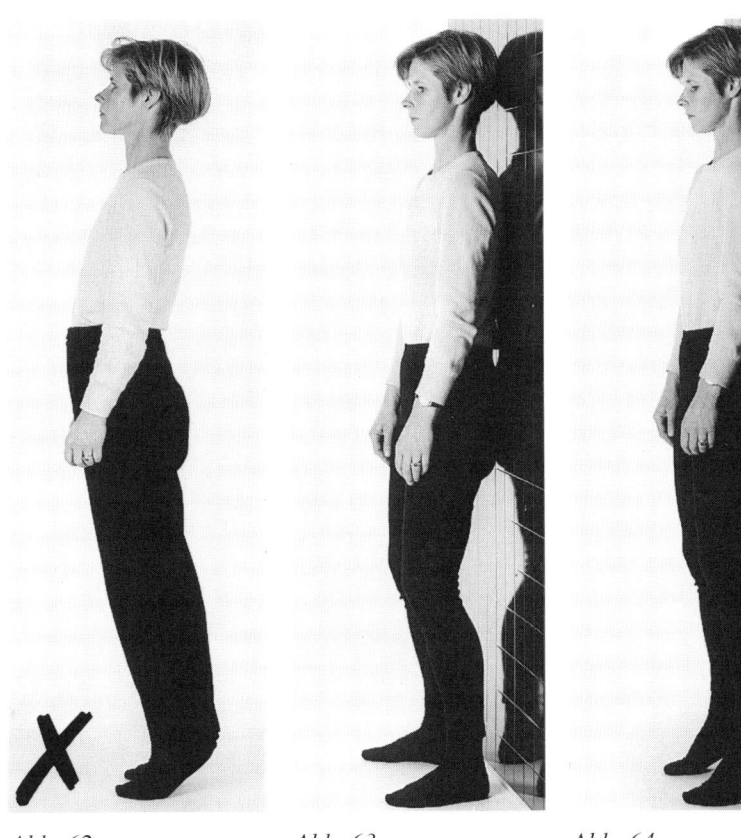

| Abb. 62 | Abb. 63 | Abb. 64 | Abb. 65 |

Rücken von der Wand hinter Ihnen lösen. Doch sollten Sie sich eine imaginäre Wand vorstellen, die Ihren Rücken »begradigt« und »nach hinten« ausrichtet, während der Kopf die Bewegung nach vorn und oben auf die Zehenspitzen ausführt (*Abb. 65*).

Treppensteigen

Oft »schwankt« man beim Hochsteigen einer Treppe, belastet das voranschreitende Bein mit dem Körpergewicht und zieht den Kopf zurück, während das andere Bein nach vorne kommt. Auf ähnliche Weise läßt man Hinabsteigen das Gewicht schwer auf das vordere Bein fallen. In beiden Fällen wird das Körpergewicht zu früh

nach vorn verlagert und die ganze Statur durch übermäßige muskuläre Anspannung verkürzt (*Abb. 66 u. 67*). Auch hier kann uns das T'ai Chi weiterhelfen: Die Vorstellung, »vollgewichtig« mit dem ganzen Gewicht auf einem Bein »Wurzeln zu schlagen«, während das andere Bein »leer« ist, bis es auch »wurzeln«, d.h. voll belastet werden kann.

Wenn wir das für das Treppensteigen anwenden möchten, sollten wir mit beiden Füßen auf einer Stufe beginnen. Geben Sie die Anweisungen, und denken Sie an die Längung Ihrer Wirbelsäule, während Sie das Körpergewicht auf ein Bein verlagern (»vollgewichtig« sind). Dann heben Sie das andere Knie und lassen es, von der

Abb. 66

Abb. 67

Abb. 68

Abb. 69

Hüfte und dem Rücken weg nach vorne und oben gehen, und setzen den Fuß auf die nächste Stufe (dieses Bein sollte »leer« bleiben). Dann bewegt sich Ihr Körper – vom Kopf geführt – nach vorn und oben, während das hintere Bein sich nach unten stemmt, so daß Sie das Gewicht auf das oben stehende Bein übertragen können. (Die Gewichtsbelastung auf dem unteren Bein sollte hauptsächlich auf der Ferse sein und sich von da auf den ganzen Fuß verteilen.) (*Abb. 68*)

Wenn Sie weiter nach oben gehen, laufen die Bewegungen in folgender Reihenfolge ab: Der Kopf führt, der Körper folgt, der hintere Fuß stemmt sich nach unten, das vordere Knie wird gebeugt, der Fuß sanft abgesetzt und das Gewicht nach vorn verlagert. Von Zeit zu Zeit sollten Sie (wie zuvor) nur den ersten Schritt nach oben üben, damit Sie sich daran gewöhnen können, das Gewicht nicht zu früh auf das vordere Bein zu legen. Also: Stehen Sie mit dem ganzen Gewicht auf einem Bein, heben Sie das andere Knie, und lassen Sie den Fuß sanft auf der nächsten Stufe landen. Dann machen Sie eine Pause, bevor Sie das Gewicht auf dieses Bein übertragen.

Um die Treppe hinunter zu steigen, verlagern Sie wieder das ganze Körpergewicht auf ein Bein, dann beugen Sie das Knie dieses Beines und heben das Knie des anderen Beines an, so daß der Fuß weich auf der nächstunteren Stufe landet. Dann können Sie das Gewicht wieder ganz auf dieses Bein übertragen. Sie werden bemerken, daß das hinten stehende Bein wesentlich mehr Arbeit leisten und mehr im Knie gebeugt werden muß als beim Geradeausgehen (*Abb. 69*). Aber dadurch wird die übermäßige Anspannung der Rücken- und Halsmuskulatur und die damit verbundene Druckbelastung der Gelenke vermieden. Auch bewahrt der stete Wechsel von Beugung und Streckung im Kniegelenk die Oberschenkelmuskulatur vor Verkrampfung. Vergessen Sie bitte nie, die Anweisungen für die Primärkontrolle zu geben!

Rennen und Dauerlaufen

Es ist eigentlich nur möglich, sein Rennen zu verbessern, wenn man schon eine beträchtliche Anzahl von Alexander-Stunden hatte. Als erste Bewegung zieht ein Läufer oft den Kopf nach vorne und unten. Die Auswirkungen der so entstehenden Verspannungen und die Druckbelastung der Gelenke verschlimmern sich, je länger gelaufen wird. Man muß nur einmal die große Anstrengung und die verzerrten Gesichter der meisten Jogger beobachten, um sich zu fragen, ob diese Leute sich nicht mehr schaden als nützen!

Wenn Sie aber im Gegensatz dazu wissen, wie man seinen Kopf nach vorne und oben ausrichten kann, wird das Laufen freier und leichter. Man wird kaum Auf- und Abbewegungen des Kopfes bemerken können, und auch seitliche Schwankungen sind minimal. Die Schultern sollten sich entspannen und zur Seite dehnen, die Arme sollten frei mitschwingen, als Gegenbewegung zu den Beinen.

Der Gebrauch der Arme: Erste Überlegungen

In den nächsten zwei Kapiteln wird der Gebrauch der Arme noch eingehend behandelt werden. Doch sollte man schon einige Vorüberlegungen anstellen. Der Gebrauch der Arme sollte harmonisch in den Gebrauch des ganzen Körpers integriert sein. Stellen Sie sich seitlich vor einen Spiegel, die Arme locker herabhängend. Heben Sie die Arme nach vorne hoch, ungefähr bis in Schulterhöhe, und dann noch weiter. Bemerken Sie, wie sich das Becken vorschiebt und der Rücken sich zum Hohlkreuz durchbiegt (*Abb. 70*)?

Abb. 70   *Abb. 71*

Jetzt stellen Sie sich mit dem Rücken an eine Wand oder Tür. Während Sie Ihrem Rücken erlauben, sich an die Wand zu lehnen und zu längen, lassen Sie Ihre Schultern sich entspannen und zur Seite gehen. Diese Dehnung zur Seite setzt sich bis zu den Ellbogen fort, so daß sich die Arme leicht nach vorn und oben bewegen können, vom Rücken weg. Der Rücken sollte so nah wie möglich an der Wand bleiben. Dieses Mal konnten Sie wahrscheinlich feststellen, daß Ihre Schultern sich weniger anstrengen mußten (*Abb. 71*). Wiederholen Sie das Ganze ohne eine Rückenstütze, aber stellen Sie sich eine imaginäre Wand vor, die es Ihrem Rücken ermöglicht, sich zu längen und leicht nach hinten zu bewegen, während Sie Ihre Arme anheben. Wahrscheinlich werden Sie es einfacher finden, Ihren Rücken »hinten« zu lassen, wenn Sie – wie schon beschrieben – einen Fuß etwas nach vorne stellen (*Abb. 72 u. 73*).

Abb. 72 und 73: Weitung und Längung des Rückens, gleichzeitiges Anheben der Arme.

8 Die Sitzknochen

Der Druck auf die Wirbelsäule ist beim Sitzen um ein Drittel größer als beim Stehen. Alexander glaubte, daß die zusammengesunkene Sitzhaltung, in der die meisten Menschen viele Stunden am Tag zubringen, ein Hauptgrund für Rücken- und Gelenkschäden und streßbedingte Krankheiten in unserer heutigen Zivilisation ist.

Entdecken Sie Ihre Sitzknochen!

Im vorhergehenden Kapitel über das Stehen wurde schon erwähnt, wie wichtig es ist, das Körpergewicht weitgehend über einem Punkt zu zentrieren, der einige Zentimeter vor der Ferse liegt. Genauso sollte man versuchen, beim Sitzen das Körpergewicht über den Sitzknochen zu zentrieren. So kann man eine entspannte und trotzdem aufrechte Haltung erzielen.

Um herauszufinden, wo Ihre Sitzknochen sind, sollten Sie sich auf einen Stuhl mit ziemlich waagerechter Sitzfläche auf Ihre Hände setzen. Je nachdem wie gut Sie gepolstert sind, können Sie die beiden knöchernen Höcker des Beckens, Ihre Sitzknochen, mehr oder weniger deutlich fühlen. Wenn Sie versuchen, sich mit übermäßiger Muskelanspannung gerade hinzusetzen, können Sie sehen, wie das Gewicht sich nach vorne auf die Oberschenkel verlagert und ein Hohlkreuz entsteht (*Abb. 74*). Wenn Sie aber auf dem Stuhl zusammensacken, werden Sie merken, daß das Gewicht sich nach hinten verlagert und das ganze Becken zu sehr nach hinten kippt (*Abb. 75*). Ist der Oberkörper jedoch gut über den

Sitzknochen ausbalanciert, wird eine optimale, freie Körperhaltung möglich (*Abb. 76*).

Beim Sitzen mit übereinandergeschlagenen Beinen wird Ihnen auffallen, daß das Gewicht mehr auf einem Sitzknochen ruht und außerdem das Becken seitlich gekippt und die Lendenwirbelsäule verdreht ist (*Abb. 77*). Viele sitzen mit übereinandergeschlagenen Beinen und einem Rundrücken. Wenn Sie Ihre Hände in der Taillengegend auf Ihren Rücken legen, können Sie diese Rundung spüren. Auch wird durch das Übereinanderlegen die Blutzufuhr in den Beinen behindert, was zur Entstehung von Krampfadern beitragen kann – noch ein Grund mehr, diese Sitzhaltung zu vermeiden! Wenn Sie gewohnt sind, so zu sitzen, werden sich andere Stellungen natürlich zunächst ungewohnt und unbequem anfühlen. Gewohnheiten zu ändern ist immer schwierig, besonders am Anfang.

Was aber kann man mit seinen Beinen machen, wenn man sie nicht übereinanderschlagen sollte? Pressen Sie einmal Ihre Knie zusammen und beobachten Sie, wie sehr sich die Innenseite Ihrer Oberschenkel und die Hüftregion anspannt. Dann entspannen Sie Ihre Beine und lassen die Knie nach vorne und außen gehen. Wenn Sie jetzt noch Ihre Füße unter die Knie stellen, haben Sie eine sehr vernünftige Position für Ihre Beine gefunden. Manchmal jedoch sind die Beine permanent so angespannt, daß sich die Knie immer wieder zueinander hin bewegen. In diesem Fall müssen Sie eine Zeitlang, bis Sie sich umgewöhnt haben, die Knie immer wieder durch die Anweisungen so nach außen ausrichten, daß sie

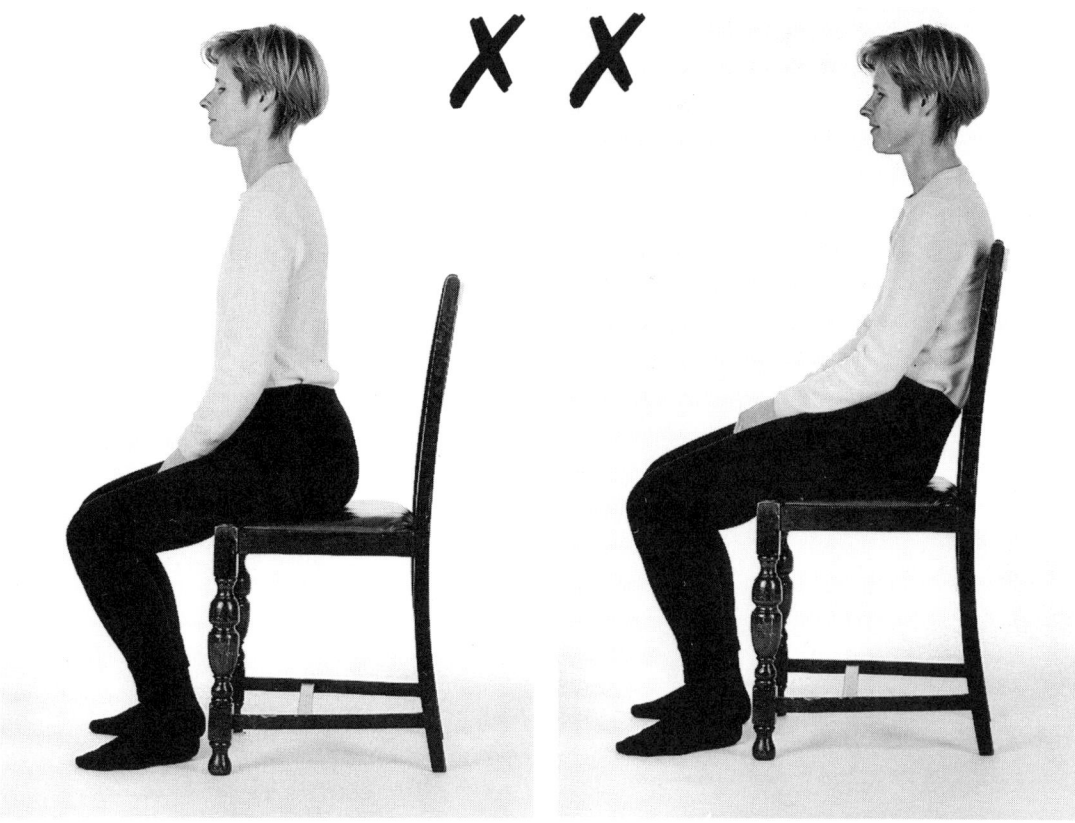

Abb. 74: Verkrampfte Haltung.　　　　　Abb. 75: Zusammengesackte Haltung.

sich über den Füßen befinden. Für Trägerinnen von sehr kurzen und engen Röcken gibt es dabei natürlich gewisse Schwierigkeiten. Eine andere Möglichkeit, die sich hier anbietet, wäre, die Beine etwas oberhalb der Fersen zu kreuzen.

Bequemes Sitzen

Setzen Sie sich in Ihrem Sessel oder Stuhl so weit Sie können nach hinten, so daß Sie die Lehne als Stütze für Ihren Rücken haben. Leider sind hier viele Sessel, Sofas und Lehnstühle sehr ungenügend: Die Sitzfläche ist meistens so lang, daß sie höchstens für Riesen geeignet ist. Wenn

man ganz nach hinten rutscht, strecken sich die Beine in lächerlicher Weise gerade nach vorn, wobei oft ein unangenehmer Druck auf die Oberschenkel kurz hinter den Knien entsteht. Wenn man aber ganz auf der vorderen Kante sitzt, damit die Füße den Boden erreichen können, kann man nur noch mit völlig durchhängendem Rücken die Lehne benützen.

Auch Schulen und andere Institutionen sind hier sehr nachlässig. Sie kaufen Plastikstühle, die sich hervorragend stapeln lassen, aber ob sie sich als Sitzgelegenheiten für menschliche Wesen eignen, scheint erst in zweiter Linie wichtig. Oft ist die Rückenlehne so instabil, daß man seinen Kopf nach vorne strecken muß, damit man nicht

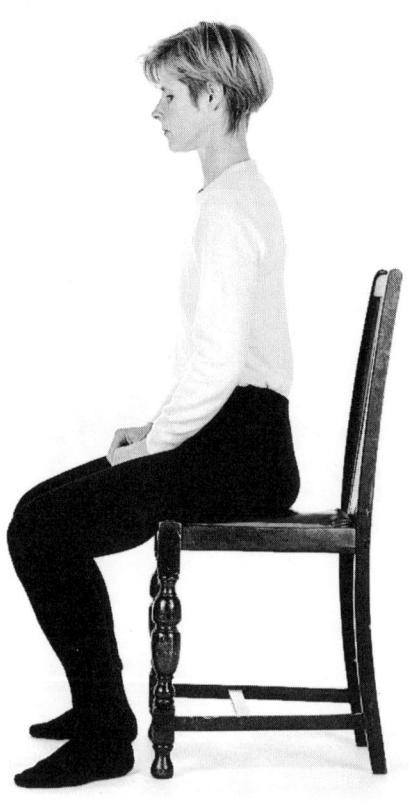

Abb. 76: Ausgewogene Haltung.

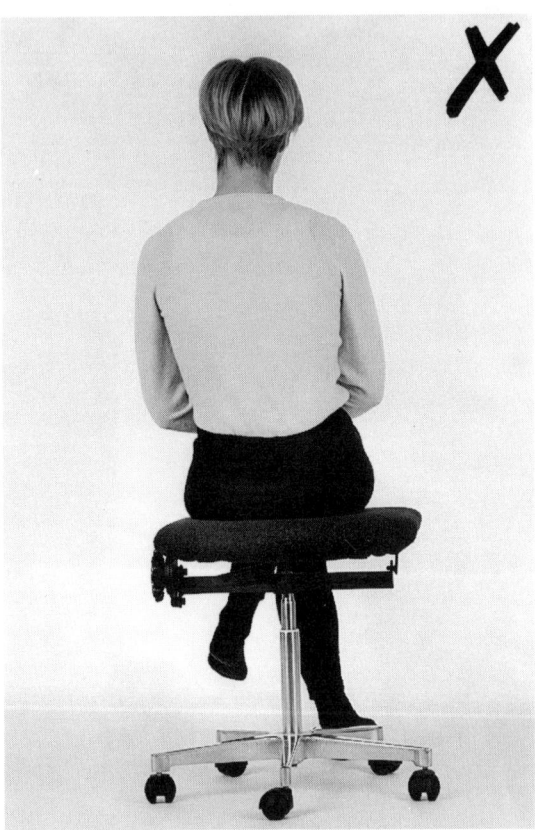

Abb. 77: Durch das Übereinanderschlagen der Beine wird das Becken verschoben und die Wirbelsäule verdreht.

mitsamt dem Stuhl nach hinten umfällt. Die modernen Sitze in Bussen und Bahnen haben die Form eines großen »C« und zwingen die Fahrgäste mit Rundrücken zu sitzen, was auf längeren Strecken schreckliche Rückenschmerzen verursachen kann.

Wenn Sie einen neuen Sessel oder Stuhl kaufen, sollten Sie erst längere Zeit darauf sitzen, bevor Sie sich zum Kauf entschließen. Was dem Augenschein nach bequem ist, muß sich nicht unbedingt als das Beste für Ihren Rücken erweisen. Sehen Sie sich nach Sitzgelegenheiten mit relativ kurzer Sitzfläche und einer langen, nur leicht nach hinten geneigten Rückenlehne um. Die Lehne sollte genügend geformt sein, daß Sie den unteren Rücken gut unterstützt, ohne jedoch zu einem Hohlkreuz und einer Beugung der Wirbelsäule nach unten und hinten aufzufordern. Der obere Teil der Lehne sollte gerade verlaufen. Da die Menschen verschieden sind, wird derselbe Stuhl nicht unbedingt für alle geeignet sein.

Idealerweise sollte ein Lehnstuhl auch eine verstellbare Rückenlehne haben. Hüten Sie sich aber vor Liegesesseln, die den Nacken und den oberen Bereich des Rückens im Verhältnis zur übrigen Wirbelsäule zu sehr nach vorn drücken. Wenn Sie fernsehen, sollten Sie nicht Kopf und Hals nach vorn zum Bildschirm bewegen, sondern den Bildschirm lieber so plazieren, daß er »zu Ihnen kommt«.

Das Sitzen am Arbeitsplatz

Es gibt hauptsächlich zwei Probleme für die Körperhaltung bei der Arbeit: Zum einen die über lange Zeit relativ unveränderte Haltung, die zu Ermüdung und Verkrampfung der Muskeln und dadurch auch im Laufe des Tages zu immer stärker werdenden Haltungsfehlern führt, zum anderen die Notwendigkeit, nah genug an der Arbeit zu sein – viele beugen sich ständig nach vorn (*Abb. 78*).

Kinder – und auch einige Erwachsene – »kippeln« gerne auf ihrem Stuhl, d.h. der Stuhl wird so nach vorn gekippt, daß nur die beiden vorderen Beine auf dem Boden stehen und sich der ganze Körper, anstatt zusammenzusinken, gerade von

Abb. 78: Die übliche, gebeugte Sitzhaltung.

der Hüfte aus nach vorne lehnen kann (*Abb. 79*). Diese Sitzweise wird natürlich nicht geschätzt, da sie sehr instabil ist und auch auf die Dauer gesehen für den Stuhl nicht gut ist. Jedoch können wir von diesem Beispiel etwas Wichtiges lernen: Ein Schreibtischstuhl sollte nicht nur höhenverstellbar sein, sondern man sollte auch die Sitzfläche *nach vorne kippen* können. Noch um die Jahrhundertwende hatten alle Stühle entweder eine waagerechte oder eine nach vorn geneigte Sitzfläche, aber keine, die nach hinten abfällt, wie bei den modernen Stühlen.

Den Neigungswinkel können Sie bei der Arbeit ständig variieren und so übermäßige Ermüdung der Muskulatur vermeiden. Durch die Anweisungen für die Primärkontrolle ermöglichen Sie Ihrem Rücken, sich ganz aufzurichten. Wenn Sie daran gewöhnt waren, über Ihrem Schreibtisch zu »hängen«, wird es natürlich eine Weile dauern, bis Sie Ihre Rückenmuskulatur »umerzogen« haben. Vielleicht bekommen Sie auch am Anfang etwas Rückenschmerzen, bis sich die Muskeln daran gewöhnt haben, den Rücken, so wie es sein sollte, zu unterstützen. Deshalb sollten Sie *langsam* die Zeitspanne verlängern, die Sie in der neuen Position sitzen.

Setzen Sie sich relativ nah an die Stuhlkante und neigen Sie Kopf, Hals und Rücken als eine Einheit vom Hüftgelenk aus leicht nach vorn. Der Stuhl sollte hoch genug sein, so daß der Winkel zwischen Oberschenkel und Körper etwas größer als 90 Grad ist. Das hilft, einen Rundrücken zu vermeiden. Eine kleine Kurve der Lendenwirbelsäule sollte aber erhalten bleiben. Es sollte nicht notwendig sein, Kopf und Hals nach vorne zu schieben, um nah genug zu sein und gut sehen zu können.

Es gibt einen sehr teuren Bürostuhl, der sich, während man darauf sitzt, automatisch und kaum merklich auf verschiedene Neigungswinkel einstellt und dadurch Ermüdungserscheinungen we-

Abb. 79: Das »Kippeln« deutet auf die Antwort hin, ist aber nicht die Lösung.

Abb. 80: Statt den Stuhl nach vorne zu kippen, kann man ein Keilkissen benützen.

sentlich reduziert. So ein Stuhl ist natürlich von unschätzbarem Wert für Menschen mit schweren Rückenproblemen. Es gibt auch ein sehr preisgünstiges Büromöbel (eine Art Hocker ohne Lehne, die aber auch für Schreibarbeit nicht unbedingt erforderlich ist), dessen Sitzfläche sich auf verschiedene Neigungswinkel einstellen läßt. Man kann auch schon Bürostühle kaufen, die eine regulierbare Sitzfläche haben und eine Rückenlehne, die sich weit genug nach vorne bewegen läßt, um den Rücken einen ganzen Arbeitstag lang ausreichend zu unterstützen. Wenn der Stuhl an Ihrem Arbeitsplatz sich nicht verstellen läßt, können Sie improvisieren und sich ein festes Kissen unter die Sitzknochen legen oder, noch besser, Sie beschaffen sich ein kleines Keilkissen (*Abb. 80*).

Es befindet sich ein neues Stuhlmodell im Handel, das nicht nur den Sitzknochen, sondern auch den Knien Unterstützung bietet. Solch ein Sitzmöbel kann besser sein als ein Stuhl mit nach hinten geneigter Sitzfläche, aber ich glaube nicht, daß diese Stühle eine so große Verbesserung darstellen, wie man vielleicht annehmen möchte. Ich sehe drei wesentliche Nachteile: 1.) Außer bei den allerteuersten Modellen kann man die Sitzhöhe nicht verstellen. 2.) Wenn man sich zur Arbeit nach vorne lehnt, wird relativ viel Druck auf die Knie ausgeübt, durch den auch der Oberschenkel in das Hüftgelenk geschoben wird. 3.) Wenn man in einem sehr geschäftigen Büro arbeitet, ist es nicht sehr praktisch, jedes Mal beim Aufstehen und Hinsetzen die Beine aus den Kniestützen unter sich heraus und wieder hinein zu bringen. Man sollte lieber (wie vorgeschlagen) seinen schlecht geformten Stuhl auf kostengünstige Weise verbessern und abwarten, bis man sich einen guten, verstellbaren Schreibtischstuhl leisten kann, der es ermöglicht, beide Füße auf den Boden zu stellen.

Der Gebrauch der Arme: Die Hände auf der Stuhllehne

In Kürze werden wir näher auf den Gebrauch der Arme beim Bedienen einer Tastatur und beim Schreiben mit der Hand eingehen. Alexander beschreibt in seinem zweiten Buch[26] sehr detailliert einen Vorgang, bei dem man die Hände oben auf die Rückenlehne eines Stuhls legt. *Um damit wirklich vertraut zu werden, braucht man die Hilfe eines Lehrers.* Dieser Vorgang ist von grundlegender Bedeutung für alle Alexander-Lehrer, aber auch für jeden, der seine Arme geschickter und effektiver im täglichen Leben gebrauchen möchte. Auch fördert er die Weitung des Rückens und damit auch die Atmung.

Setzen Sie sich auf einen Stuhl mit waagerechter Sitzfläche, dessen Rückenlehne Sie mit einem Kissen von ausreichender Größe etwas gepolstert haben. Lehnen Sie sich an und erlauben Sie Ihrem Oberkörper, sich zu längen und zu weiten. Stellen Sie einen zweiten Stuhl vor sich hin, genau zwischen Ihre Füße und so, daß die Lehne zu Ihnen zeigt. Rutschen Sie so weit wie möglich auf Ihrem Stuhl zurück, so daß die Lendenwirbelsäule nicht zusammensacken und ein Rundrücken entstehen kann.

1.) Lassen Sie die Hände auf Ihrem Schoß ruhen, die Handflächen zeigen nach oben. Nach einer Weile können Sie die Hände auf die Stuhllehne vor Ihnen legen. Halten Sie aber zunächst den unmittelbaren Wunsch zurück, die Arme zu bewegen, und erlauben Sie sich, abzuwarten und

gar nichts weiter zu tun. Geben Sie die Anweisungen für die Primärkontrolle und lassen Sie zu, daß Ihr Rücken sich noch weiter vom Kissen unterstützen läßt, sich noch mehr aufrichtet und weitet. Dann geben Sie weitere Anweisungen:

Ich lasse meine Knie aus dem Hüftgelenk heraus und vom unteren Rücken weg nach vorne gehen, ich lasse die Knie ein wenig voneinander weg, nach außen zeigen,
so, daß die Knie über den Füßen »positioniert« sind.

Wiederholen Sie die Anweisungen für die Primärkontrolle, und dann geben Sie weitere Anweisungen für die Arme:

Ich lasse die Schultern frei,
damit sie sich zur Seite hin weiten können,
so, daß sich der Ellbogen fortgesetzt zur Seite hin ausdehnen kann,
so, daß sich die Hand ungehindert aus dem Handgelenk herauslösen kann, und
damit sich die Finger aus der Hand heraus verlängern können.
Auf diese Weise können sich alle Gelenkoberflächen in den Armen voneinander weg bewegen.

2.) Richten Sie erneut Kopf, Hals und Rücken durch die Anweisungen für die Primärkontrolle aus. Dann heben Sie einen Arm an – ohne durch diese Bewegung die Freiheit des Halses zu beeinträchtigen – und lassen den Ellbogen zur Seite und nach vorne gehen, so daß Sie schließlich mit der Hand sanft, aber doch bestimmt die Stuhllehne vor Ihnen umfassen können. (Während des ganzen Vorgangs sollten Sie darauf achten, daß der Rücken nicht den Kontakt zur Lehne verliert.) Ihre Finger sollten gerade sein – in voller Länge ausgestreckt, doch nicht steif – und zum Boden weisen. Das Handgelenk sollte leicht nach innen weisen, im Gegensatz zum Ellbogen, der nach außen zeigt (*Abb. 81 u. 82*). Wenden Sie Ihre Aufmerksamkeit wieder der Primärkontrolle zu, und lassen Sie dabei die Stuhllehne los und die Hand auf Ihren Oberschenkel zurückkehren. Dann wiederholen Sie das Ganze mit dem anderen Arm.

3.) Jetzt ergreifen Sie wie zuvor, aber mit beiden Händen, die Stuhllehne. Heben Sie den Stuhl ein wenig an (die Bewegung geht in Richtung nach oben und nach vorn), so daß die beiden hinteren Stuhlbeine gerade den Boden verlassen. Gleichzeitig bewegen Sie die Ellbogen etwas voneinander weg zur Seite hin, so daß sich die Schulterregion weiten kann. Dann lassen Sie den Stuhl wieder auf dem Boden ruhen. Senken Sie die Ellbogen wieder etwas, damit sich eventuelle Verspannungen in den Armen lösen können.

4.) Geben Sie nochmals die Anweisungen für die Primärkontrolle, anschließend die für die Arme, und lassen Sie zu, daß Ihre Schultern sich weiten und die Ellbogen sich zur Seite hin bewegen. Bei diesem Vorgang stützen die Arme den Oberkörper und tragen zu seiner Weitung bei. Gleichzeitig hilft das korrekte Verhältnis von Kopf, Hals und Rücken, das Gewicht der Arme zu tragen. Natürlich müssen die Arme und Schultern in dieser Position eine gewisse Arbeit leisten, aber die Arme sollten sich weder schwer noch fest anfühlen. *Diese Armhaltung ist anspruchsvoll, doch es ist genau diese Koordination von Arm und Rücken, die der Spieler eines Streichinstruments für seinen Bogenarm braucht.* Ohne Ihren Lehrer sollten Sie nicht länger als ein paar Sekunden so verweilen, die Gefahr ist sonst zu groß, daß Arme und Schultern in dieser Position fixiert und fest werden (*Abb. 83*).

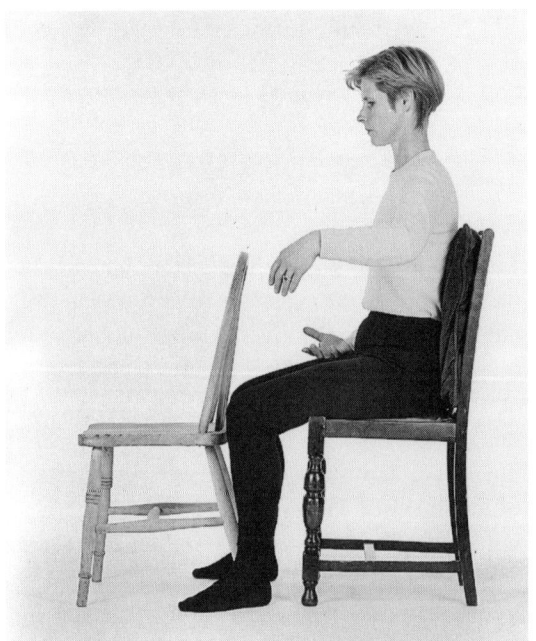

Abb. 81

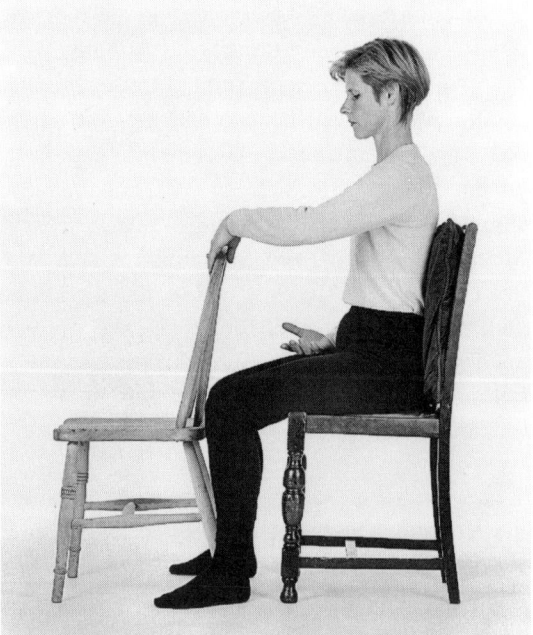

Abb. 82

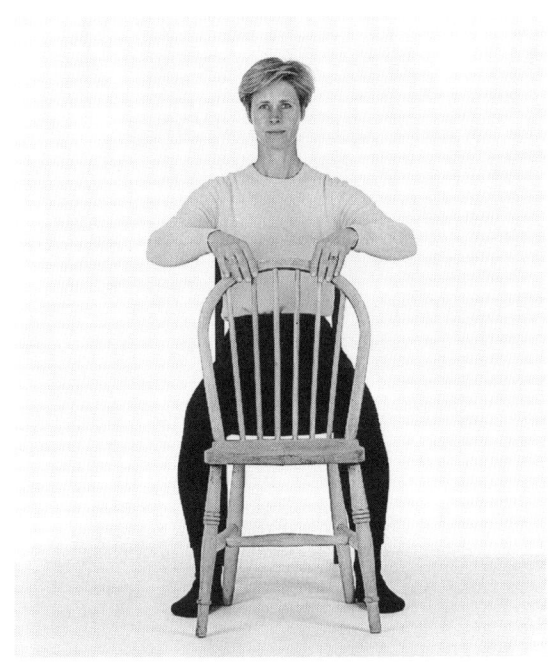

Abb. 83

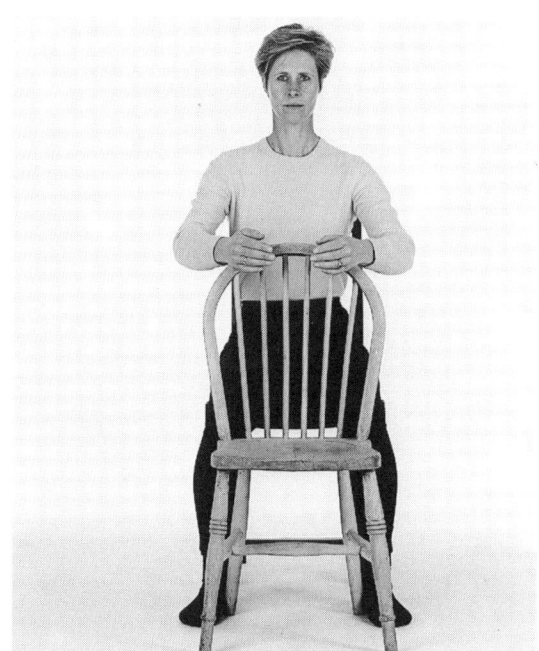

Abb. 84

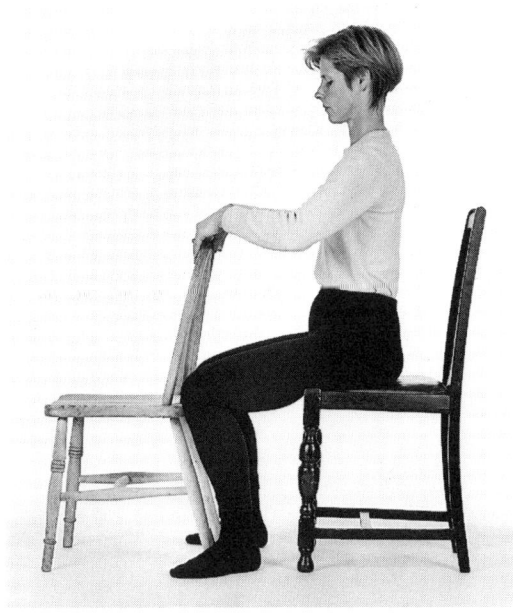

Abb. 85

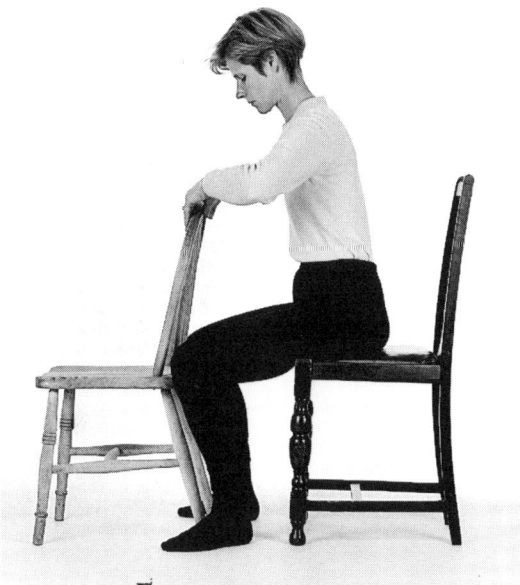

Abb. 86

Zur Abwechslung können Sie auch die Handflächen – an ihrem Ansatz kurz nach dem Handgelenk – auf der Stuhllehne ruhen lassen. (Geben Sie die Anweisungen, die Sie beim Hinlegen, wenn die Hände auf dem Bauch liegen, benützen.) Die Freiheit und Leichtigkeit im Gebrauch Ihrer Arme wird sich einstellen, wenn es Ihnen gelingt, den Hals rundherum frei zu lassen (*Abb. 84*).

5.) Wenn Sie etwas mehr Übung haben, können Sie denselben Bewegungsablauf auch von der Stuhlkante aus versuchen. Um sich nach vorn zu lehnen, sollten Sie wieder Ellbogen und Schultern erlauben, zur Seite zu gehen. Kopf und Hals bewegen sich in einer leichten Kurve nach vorne und oben und nehmen den ganzen Oberkörper mit, in einer Bewegung, die von der Hüfte ausgeht (*Abb. 85 u. 86*). (Vermeiden Sie

es, daß der Oberkörper zusammensackt und die Schultern und der Kopf nach hinten gezogen werden [Abb. 87].) Eine ähnliche Bewegung der Hüften braucht man, wenn man z.B. am Tisch sitzt und sich nach vorn lehnen möchte, um zu essen.

Es sollte jetzt deutlich werden, warum ein Befehl wie »Schultern zurück!« völlig falsch ist. Mit dieser Aufforderung geht man überhaupt nicht auf die eigentliche Ursache ein, nämlich den Rundrücken, der die nach vorne hängenden Schultern verursacht (*Abb. 88*). Es ist schädlich, wenn man versucht, die Schultern nach hinten zu ziehen. Der ganze Schultergürtel und die Oberarme verkrampfen sich, und die Schulterblätter bewegen sich zueinander hin. Auch wird der Hals steif, der Brustkorb wird angehoben, und ein Hohlkreuz entsteht – eine »militärische Haltung« (*Abb. 89*).

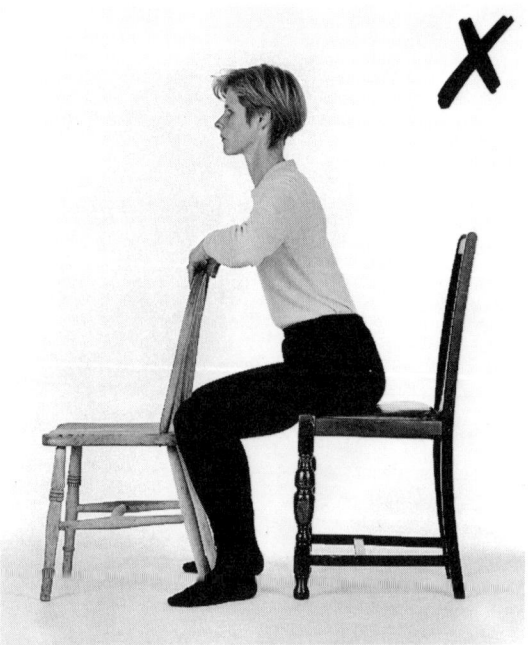

Abb. 87

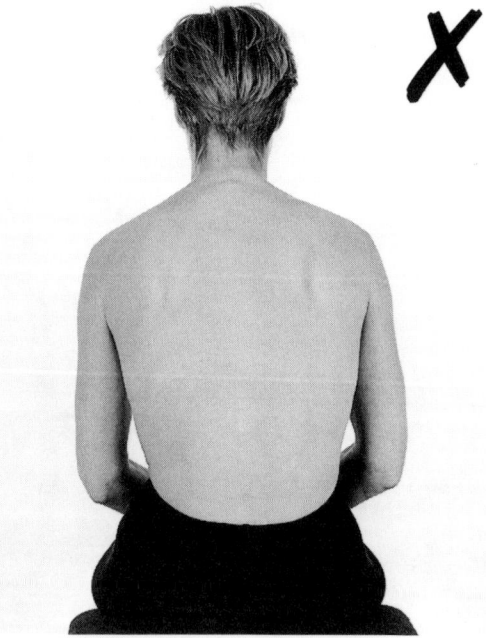

Abb. 88

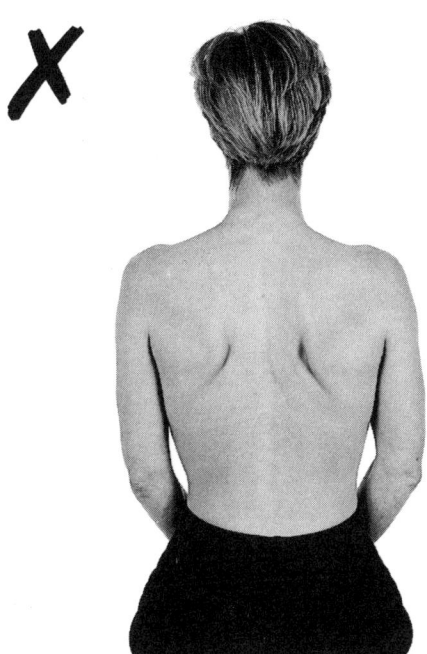

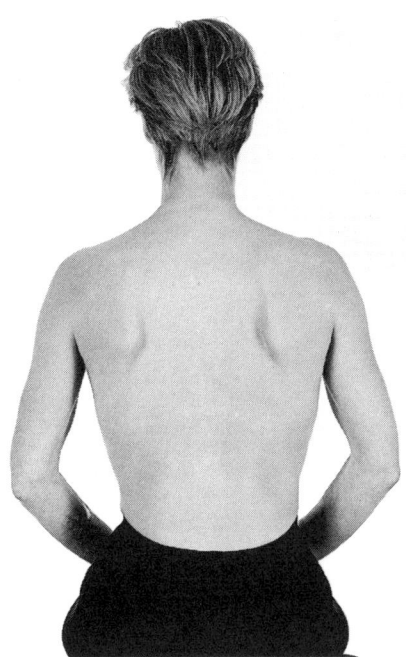

Abb. 89

Abb. 90

Einen Rundrücken kann man nur verbessern, wenn man den generellen Mißbrauch des Körpers versteht und dort ansetzt, da aus diesem dieser spezielle Mißbrauch entstanden ist (Abb. 90).

Das Bedienen einer Tastatur

Jetzt können wir uns den Besonderheiten, die sich beim Bedienen einer Tastatur ergeben, zuwenden – egal ob man vor dem Computer, der Schreibmaschine oder den Tasten eines Klaviers sitzt. Meist ist es relativ leicht, optimale ergonomische Bedingungen für die Arbeit am Computer zu schaffen. Es gibt eine Grundregel zur Vermeidung von Schulter- und Nackenverspannungen, die man immer beachten sollte, wenn man ohne Unterstützung für die Arme arbeitet: Der Stuhl sollte hoch genug sein, daß sich die

Handgelenke auf gleicher Höhe oder etwa unterhalb der Ellbogen befinden. Sind die Ellbogen tiefer, werden die Handgelenke ständig gebeugt, eine Position, die die Entwicklung von Überlastungsschäden begünstigt (*Abb. 91*). Ist der Schreibtisch zu hoch, so kann man einfach die Beine etwas absägen. Oder aber man erhöht den Stuhl und benützt ein Fußbänkchen.

Als nächstes sollten Sie die Position des Monitors bedenken. Er sollte so plaziert sein, daß die Informationen auf dem Bildschirm »zu Ihnen kommen«, ohne daß Sie angestrengt darauf starren müssen. Dazu sollte der Bildschirm etwas schräg nach oben zeigend stehen, die Schräge etwa parallel zur Neigung Ihres Kopfes. Die Mitte des Bildschirms sollte sich leicht unterhalb Ihrer Augenhöhe befinden (*Abb. 92*). (Denken Sie daran, die Daten so weit wie möglich in die Mitte des Bildschirm zu manövrieren.) Sollte der Monitor nicht verstellbar sein, so können Sie

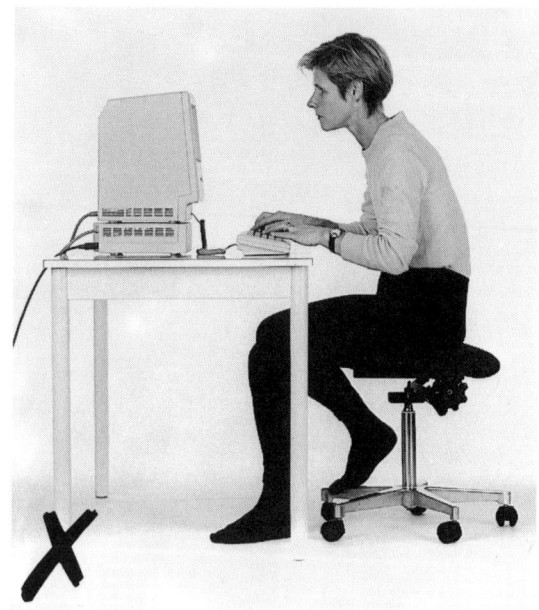
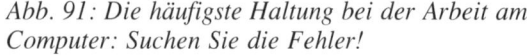

Abb. 91: Die häufigste Haltung bei der Arbeit am Computer: Suchen Sie die Fehler!

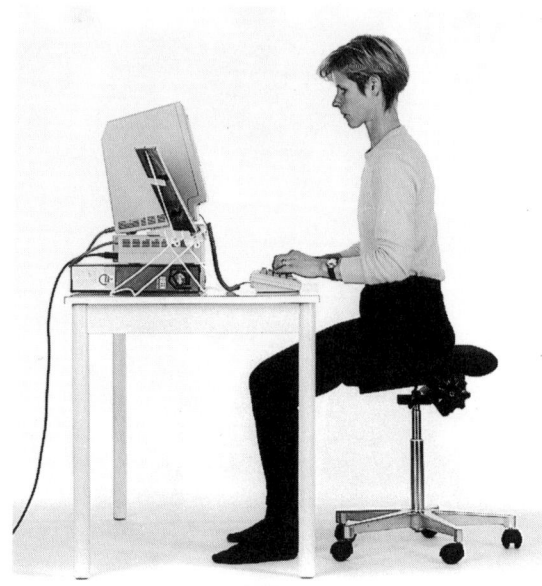

Abb. 92: Bessere ergonomische Bedingungen (z.B. Buchständer) und ein guter Gebrauch des Körpers.

wieder improvisieren und das Gerät durch das Unterlegen alter Zeitschriften oder Hefte schräg stellen.

Es ist wichtig, gerade vor der Tastatur und dem Monitor zu sitzen. Viele arbeiten an einem engen, überfüllten Schreibtisch, wo der Computer seitlich steht, und müssen sich immer hin- und herdrehen. Ein weiteres wichtiges Hilfsmittel ist der Buchständer. Die Texte, die Sie für Ihre Arbeit am Computer brauchen, sollten immer so plaziert sein, daß Sie sie mühelos ablesen können, ohne den Kopf groß bewegen zu müssen. Diese Vorschläge sind natürlich nicht so leicht zu verwirklichen, wenn Sie als Teilzeitkraft arbeiten und den Computerarbeitsplatz mit jemand anderem teilen. Wenn ein Arbeitgeber nicht bereit ist, günstigere Arbeitsbedingungen zu schaffen, sollten Sie sich wirklich fragen, ob es sich auf die Dauer lohnt, Ihre Gesundheit zu gefährden.

Für alle Bildschirmarbeiter ist es sehr wichtig, oft genug Pausen einzulegen. Wenigstens einmal pro Stunde sollten Sie aufstehen und einige Minuten umherlaufen, nach jeweils 2 oder 3 Stunden sollten Sie sich als Teil einer längeren Pause 10 bis 20 Minuten in der beschriebenen Ruheposition hinlegen. (Stellen Sie sicher, daß Sie nicht mehr als zwei solcher Schichten pro Tag am Computer sitzen müssen.) Während Sie arbeiten, sollten Sie Ihre Augen ab und zu von der »Naharbeit« befreien und auf einem weiter entfernten Objekt ruhen lassen. Denken Sie daran, öfters zu blinzeln, und nicht auf den Bildschirm zu starren.

Wenn Sie irgendwelche Symptome eines Überlastungsschadens spüren, keine Kraft mehr haben, in der Bewegungsfreiheit eingeschränkt sind, Schmerzen oder Brennen im Handgelenk und Fingern empfinden o.ä., müssen Sie sofort aufhören. Sie haben sich überarbeitet und –

höchstwahrscheinlich – dabei Ihren Körper mißhandelt. Wenn Sie so weitermachen, werden Sie in ernstliche Schwierigkeiten geraten, und dann müssen Sie noch länger mit der Arbeit aussetzen oder werden sogar arbeitsunfähig. Es ist äußerst deprimierend, auf diese Weise arbeitslos zu werden. Das Gute ist, daß, wenn Sie sich nur genügend Zeit nehmen, alle krankhaften Veränderungen ausheilen, und Sie dann lernen können, den Mißbrauch Ihres Körpers, der die Probleme verursacht hat, zu vermeiden.

Das Maschineschreiben hat seine besonderen Schwierigkeiten. Die Tastatur ist relativ steil angeordnet, und manchmal ist die vordere Kante des Schreibtisches so niedrig, daß man nicht so hoch sitzen kann, wie man möchte, da man dann die Beine nicht mehr unterbringen kann. Denken Sie an die oben aufgeführten Grundprinzipien und versuchen Sie, die bestmögliche Kompromißlösung zu finden.

Wenn Sie ein Tasteninstrument spielen, müssen Sie die Erfordernisse von Armen und Beinen gegeneinander abwägen und die Sitzbank so einstellen, daß einerseits die Pedale gut erreicht werden können, andererseits die Arme frei sind.

Mit der Hand schreiben

Wir schreiben heute weniger mit der Hand als die Menschen vor 100 Jahren. Nichtsdestoweniger müssen die Schulkinder immer noch einen großen Teil des Tages mit Schreiben, Zeichnen und Malen zubringen. Studenten, die sich durchs Examen kämpfen und Sekretärinnen, die viel stenographieren, müssen schnell und fließend schreiben können und werden häufig Opfer eines Schreibkrampfs. Hier sind drei Dinge zu beachten: ergonomische Prinzipien, die Haltung des Schreibutensils und – das Wichtigste von allem – die Art, wie man seinen Körper gebraucht.

Wir wollen zuerst einige der ergonomischen Faktoren betrachten, die Sie auch im Abschnitt über das Sitzen am Arbeitsplatz noch einmal nachlesen können. Ein Stuhl mit schräger Sitzfläche, der es Ihnen ermöglicht, von der Hüfte aus nach vorn gelehnt zu sitzen, bringt Sie näher an Ihre Arbeit heran, zudem sollten Sie auch die Arbeit näher zu sich heranholen. Der Tisch, an dem Sie mit der Hand schreiben, sollte höher sein als der Tisch, auf dem Schreibmaschine oder Computer stehen. (Sie können Ihre Arme leicht auf dem Tisch ruhen lassen, das hilft, übermäßige Spannungen in Armen und Schultern zu vermeiden.) Auch sollte die Fläche, auf der Sie schreiben, schräg gestellt sein, und zwar in einem Winkel von ungefähr 15 Grad (*Abb. 93*). Schulpulte pflegten früher abgeschrägt zu sein. Scheinbar haben wir vergessen, welch wichtigem Zweck diese Tradition diente und immer noch

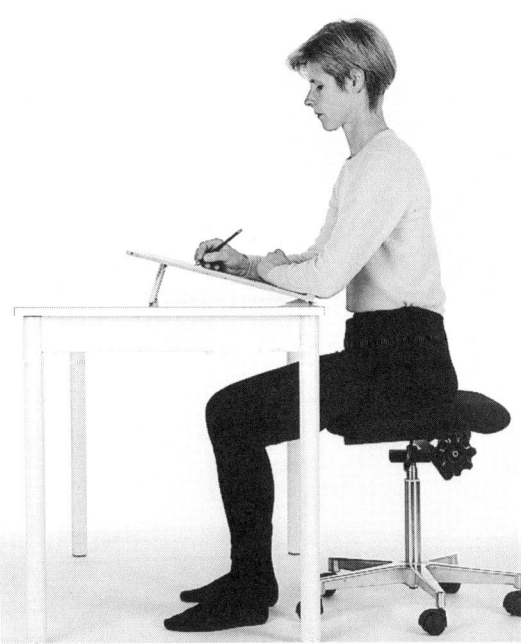

Abb. 93: Verwendung eines Hockers mit nach vorn geneigter Sitzfläche und einer Schreibunterlage.

dienen kann. Mit Hilfe von Klötzchen unter den hinteren Beinen Ihres Schreibtisches können Sie improvisieren und sich ein schräges Pult schaffen. Oder Sie versuchen es mit einem großen Buch oder Brett, das Sie auf ein flach liegendes Buch lehnen. Besser noch: Kaufen Sie sich eine abgeschrägte Schreibunterlage oder lassen Sie sich eine anfertigen.

Was erfordert das Schreiben? Ganz einfach: Man muß einen schmalen, leichten Gegenstand über sehr kurze Strecken bewegen. In den meisten Büros und Schulen kann man beobachten, wie bei dieser Tätigkeit ungeheuer viel Energie verschwendet wird. Normalerweise ist der ganze Körper zusammengesunken, verdreht und zu einer Seite geneigt. Die Zähne sind zusammengebissen, die Stirn gerunzelt, der Blick starr, die Schultern hochgezogen, und die Beine sind unter den Stuhl gezogen oder übereinander geschlagen. Der Stift wird so fest umklammert, daß die Finger weiß werden. Nach eine groben Schätzung haben 10 bis 20 Prozent der Erwachsenen eine Hornhaut am Mittelfinger ihrer Schreibhand. Hier stimmt offensichtlich etwas nicht!

Der Gebrauch des Körpers beim Schreiben

Die ergonomischen Faktoren sind ohne Zweifel sehr wichtig, aber sie lösen das Problem nur zum Teil. *Die Schlüsselrolle spielt der Gebrauch des Körpers.*

Setzen Sie sich mit Papier und Stift an einen Schreibtisch. Wenn möglich, stellen Sie seitlich einen Spiegel auf, so daß Sie sehen können, was passiert, wenn Sie schreiben. Wahrscheinlich können Sie feststellen, daß Sie sich weit nach vorne beugen und, wenn Sie Rechtshänder sind, Kopf und Hals nach links und unten halten, damit Sie das Papier, das schräg nach links auf dem Tisch liegt, gut sehen können. Die Schrägstellung des Papieres gibt der Schreibhand mehr Bewe-

gungsfreiheit. Wenn Sie das Papier gerade hinlegen, werden Sie wahrscheinlich feststellen, daß Sie sich noch mehr nach links lehnen, damit sich das Handgelenk beim Schreiben nicht verkrampft. Auf jeden Fall sollten Sie prüfen, ob sich das Körpergewicht gleichmäßig auf beide Sitzknochen verteilt, meist ist die Gewohnheit, sich nach einer Seite zu lehnen, sehr stark.

Versuchen Sie jetzt, das Papier gerade und etwas nach rechts zu legen. Geben Sie die Anweisungen, und neigen Sie den Kopf oben im Okzipitalgelenk etwas nach vorne. Drehen Sie ihn leicht nach rechts, damit Sie gut sehen, was Sie machen. Auf diese Weise vermeiden Sie eine Verdrehung und einseitige Belastung der Wirbelsäule sowie das Zusammensacken des Oberkörpers. Denken Sie daran, daß Oberkörper und Nacken vom Papier weg nach hinten ausgerichtet sein sollen.

Wenn Sie eine abgeschrägte Schreibunterlage benutzen (sie hat am unteren Rand eine kleine Kante, damit das Papier nicht wegrutscht), legen Sie das Papier etwas nach rechts und andere Papiere, die Sie für Ihre Arbeit benötigen, nach links. Jetzt können Sie anfangen zu schreiben (*Abb. 94*). Achten Sie darauf, ob irgendwo in Ihrem Körper übermäßige Spannungen entstehen. Versuchen Sie, in einer fließenden Bewegung zu schreiben, ohne mit der Schreibhand zuviel Kraft aufzuwenden. Wenn Sie sehr viel mit der Hand schreiben müssen, sollten Sie einen Füller oder einen Bleistift nehmen, der Kugelschreiber verleitet dazu, zu fest zu drücken.

Die Haltung des Stiftes/Schreibgerätes

Ich hatte nie darüber nachgedacht, wie ich eigentlich meinen Füller halte, bis ich einmal monatelang sehr viel schreiben mußte! Obwohl ich während des Schreibens auf die Primärkontrolle achtete, fiel mir auf, daß ich den Stift viel fester

Abb. 94: Das etwas zur Seite und gerade hingelegte Papier verhindert, daß sich der Arm verkrampft und der Hals verdreht.

umklammerte als nötig. Irgend etwas mußte verkehrt sein!

Schließlich fand ich heraus, daß die Art, wie ich den Stift hielt, einfach falsch war. Nicht, daß meine Haltung besonders ungewöhnlich war – es gibt da viel Seltsameres. Ich hielt meinen Stift mit der Spitze von Daumen und Zeigefinger gegen das erste Gelenk des Mittelfingers. So wird es auch meistens den Kindern beigebracht. Wenn Sie jedoch versuchen, den Stift auf diese Art zu halten, werden Sie merken, daß es so gut wie unmöglich ist, die Finger locker zu lassen. Viele krümmen den Daumen und den Zeigefinger fast im rechten Winkel oder pressen den Zeigefinger fest oben auf den Stift. Zuviel Druck auf den Mittelfinger führt zur Entstehung einer Hornhaut. Außerdem wird das Handgelenk

blockiert, und es besteht eine Tendenz, den Ellbogen an die Seite des Körpers zu drücken und Oberarm und Schulter zu versteifen. Diese Haltung begünstigt geradezu die Entstehung eines Schreibkrampfes.

Statt dessen sollten Sie versuchen, den Stift leicht zwischen der Spitze von Daumen, Zeigefinger und Mittelfinger zu halten. Die anderen Finger sind leicht gebeugt, und die Hand ruht auf der Schreibfläche (Abb. 95). Beachten Sie die Ähnlichkeit dieser Haltung mit der Haltung der Finger auf der Stuhllehne. Auch die Finger, die den Stift halten, sollten möglichst gestreckt sein und sich »längen«, die Form von Hand und Handgelenk sollte dem Schnabel eines Vogels ähneln. Auch wenn Sie sich schon an diese Fingerhaltung gewöhnt haben, wird sich diese neue Art, den Stift zu halten, zunächst sehr unbequem anfühlen – wie immer bei einer radikalen Veränderung! Wenn jemand seinen Stift seit dem fünften Lebensjahr so gehalten hat, fühlt sich der vertraute Griff einfach richtig und bequem an, auch wenn er in Wirklichkeit viel zu fest und verkrampft ist. Wir brauchen nur *ans Schreiben zu denken*, und unsere Muskeln reagieren, wie sie immer reagiert haben. Wie können wir das ändern?

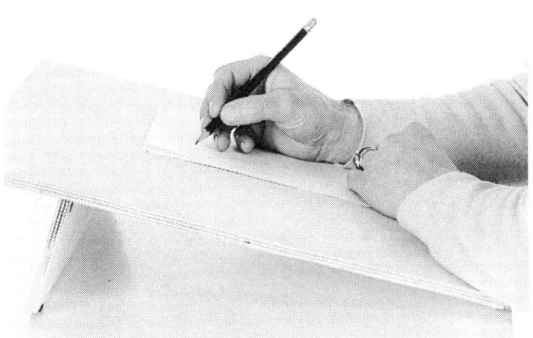

Abb. 95: Verbesserte Haltung des Stiftes.

Der erste wichtige Schritt besteht darin, innezuhalten und die unmittelbare Reaktion auf den Gedanken ans Schreiben zu verhindern. Dann können Sie an die »Mittel wodurch« denken und versuchen, alle übermäßigen Spannungen im Arm zu lösen. Zuvor müssen Sie noch die Anweisungen für die Primärkontrolle geben, denn nur wenn der Hals frei ist, kann der Arm optimal funktionieren. Legen Sie die Hand, wie zuvor beschrieben, auf die Schreibfläche. Dann geben Sie, nach den Anweisungen für die Primärkontrolle, die für die Schulter, den Arm und die Finger. Erlauben Sie der Schulter, sich zu entspannen und zur Seite zu gehen, so daß der Arm sich von der Schulter aus über den Ellbogen bis zum Handgelenk entspannt und längt. Die Finger sollten gleichsam aus der Hand »herauswachsen«. Dann legen Sie mit Ihrer anderen Hand den Stift zwischen die Spitze von Daumen, Zeigefinger und Mittelfinger, während Sie weiter an die Längung der Finger denken und den Stift sanft, aber doch bestimmt umfassen. Denken Sie daran, daß Sie nicht vorhaben zu schreiben, sondern daß Sie sich auf die »Mittel wodurch« konzentrieren wollen. Dabei kann es Ihnen helfen, wenn Sie, anstatt zu schreiben, nur Strichmännchen oder Figuren malen. Dadurch gibt es weniger Assoziationen zum Schreiben, den damit zusammenhängenden Gewohnheiten und Verkrampfungen, und es wird leichter, die eingeschliffenen Reaktionen von Körper und Geist zu ändern.

Die praktische Anwendung

Schreiben Sie jetzt Ihre Adresse. Wahrscheinlich können Sie bemerken, wie der Entschluß zum Schreiben Sie wieder dazu verführt, den Stift auf die »normale« Art zu fassen. Wahrscheinlich entsteht ein Konflikt zwischen dem Gefühl, die Kontrolle verloren zu haben (die neue Art) und dem Gefühl, in Kontrolle bleiben zu wollen (die alte Art). Stellen Sie sich darauf ein, nach und nach die alte Kontrolle aufzugeben, mit der Zeit finden Sie so vielleicht eine neue!

Hüten Sie sich davor, den Daumen zu sehr zu beugen (er wird dann fest, und das Handgelenk verkrampft sich). Die Bewegungen des Daumens sollten immer von feinen Bewegungen des Zeige- und des Mittelfingers ausbalanciert werden. Erlauben Sie dem ganzen Arm, sich über das Papier zu bewegen, wobei der Ellbogen führt, anstatt die Hand nur im Handgelenk zu bewegen. (Natürlich kann man auch das Papier bewegen.) Wenn Sie fester aufdrücken müssen, wird es sehr viel weniger anstrengend, wenn Sie die Finger durch Anweisungen nach unten ausrichten und Ihr Rückgrat in einer Art Gegenbewegung ganz aufrichten und nach oben »längen«.

Hier ist noch ein Beispiel für die Tatsache, daß das Denken die Reaktionen der Muskulatur direkt beeinflußt: Stellen Sie sich vor, Sie sind im Büro und müssen in großer Eile eine handschriftliche Notiz anfertigen. Höchstwahrscheinlich werden Sie in diesem Moment jeden Gedanken an die Alexander-Technik vergessen. Mit der Zeit werden Sie sich jedoch langsam, aber sicher, verbessern. Benützen Sie freie Minuten für die angegebenen Schreibübungen. Nach und nach werden Sie die neue Art, den Stift zu halten, auch während des normalen Schreibens beibehalten können. Eine verkrampfte, enge Handschrift wird fließender und größer. Die neue, lockere Haltung ist von unschätzbarem Wert für jeden, der viel stenographieren muß.

Ich vermute, daß bis ungefähr zur Jahrhundertwende an allen Schulen unterrichtet wurde, den Stift auf diese Art zu halten. Martineau (1826-1869) malte das Bild »Kits Schreibstunde«, auf dem wir ein Kind sehen, das sich gerade mit seinen ersten Schreibversuchen abmüht. Das Gesicht des Kindes ist unwillig verzogen, aber es hält den Stift genauso, wie ich es beschrieben habe. Ohne Zweifel hätte es »eins auf die Finger« bekommen, wenn es seinen Stift falsch gehalten hätte! Es gibt auch eindrucksvolle Porträts des Erasmus von Holbein und Metsys, die viele der oben beschriebenen Punkte illustrieren.

Abb. 96: Erasmus von Rotterdam (Gemälde von Quentin Metsys, 1517. Abdruck mit Erlaubnis Ihrer Majestät Elisabeth II von England). *Beachten Sie die aufrechte Haltung, den im oberen Gelenk geneigten Kopf, die Benutzung eines schrägen Pultes und die korrekte Haltung der Feder. Erasmus schrieb »Das Lob der Dummheit«* in nur wenigen Tagen! (Photo: The Royal Collection)

Das Zähneputzen

Es gibt natürlich viele Gelegenheiten, die uns in Versuchung bringen, ein Gerät zu stark festzuhalten. Das Zähneputzen ist ein gutes Beispiel, da es wohl zum morgendlichen Ritual eines jeden Menschen gehört. Meist wird es nur mit minimaler Aufmerksamkeit durchgeführt; wir sollten es einmal sorgfältig betrachten! (Es kann Ihnen Aufschlüsse vermitteln, wie Sie fast jeden Gegenstand halten können.) Wahrscheinlich wird Ihnen auffallen, daß Sie den Griff der Zahnbürste in Ihre Handfläche drücken, die Finger viel zu sehr um ihn gekrümmt, so daß eine Spannung im ganzen Arm und der Schulter entsteht (*Abb. 97*). Manche Leute bewegen sogar den Kopf der Zahnbürste entgegen, anstatt umgekehrt!

Um das zu verbessern, sollten Sie als erstes wieder an die Primärkontrolle denken. Bevor Sie die Zahnbürste anfassen, geben Sie die Anweisungen, und halten Sie die Bürste nur leicht zwischen den Fingerspitzen, während Sie den Schultern erlauben, sich zu entspannen und zur

Abb. 97: Der Kopf wird zur Zahnbürste hinbewegt, alles versteift sich.

Seite zu weiten, so daß sich der Arm bis zu Ellbogen und Hand längen kann. Auf diese Weise haben Sie genügend Kraft, um Ihre Zähne zu putzen, aber Sie beschädigen Ihr Zahnfleisch nicht durch übermäßigen Druck (*Abb. 98*).

Das Lesen

Es ist wichtig, den Lesestoff in ausreichender Höhe und nah genug am Körper zu haben, so daß man nur den Kopf leicht nach vorn zu neigen braucht, aber nicht Kopf und Hals zusammen nach vorn sacken läßt, um gut sehen zu können. Wenn Sie in einem Lehnstuhl sitzen, können Sie das Buch mit dicken Kissen unterstützen. An einem Schreibtisch sollten Sie einen Buchständer benützen. Beim Lesen im Liegen sollten Sie die Bauchlage mit auf den Armen aufgestütztem Kopf vermeiden (*Abb. 99*). Statt dessen sollten Sie die Rückenlage bevorzugen und einen Buchständer benützen, der auf Ihrem Brustkorb steht. Leider muß man jedes Mal das Buch herunter nehmen, wenn man umblättern möchte (*Abb. 100*)!

Abb. 98: Zähneputzen mit entspanntem Arm und Hals.

Abb. 99

Abb. 100

Das Autofahren

Bekommen Sie Kopf-, Nacken- oder Schulterschmerzen, wenn Sie lange Strecken fahren oder in großer Eile irgendwohin fahren müssen? Wenn »ja«, dann stimmt wahrscheinlich Ihre Haltung beim Fahren nicht und/oder Sie gebrauchen Ihren Körper nicht richtig.

Das Sitzen im Auto

Sehr große Menschen haben Probleme, weil sie mit dem Kopf an das Autodach stoßen. Sehr kleine Menschen dagegen haben Schwierigkeiten, überhaupt über das Steuerrad zu blicken. Bequeme Sitze, in denen man auch längere Fahrten gut übersteht, sollten einer der wichtigsten Entscheidungsgründe für ein bestimmtes Automodell sein. Für sehr kleine Menschen kann man durch ein keilförmiges Kissen auf dem Sitz die Situation relativ leicht verbessern. Für die sehr Großgewachsenen ist die Sache leider etwas teurer, meist hilft nur, auf ein größeres Auto umzusteigen…

Im folgenden möchte ich einige der häufigsten Fehler, die man beim Autofahren beobachten kann, auflisten: Der »nervöse« Fahrer hat die Tendenz, das Steuerrad zu fest zu umklammern – als ob jemand es ihm aus der Hand reißen wollte – und sitzt beengt und viel zu nah am Armaturenbrett (Abb. 101). Im Gegensatz dazu muß sich der »lässige« Fahrer, der sich zu weit zurücklehnt, jedes Mal, wenn er schalten oder ans Armaturenbrett möchte, nach vorn und unten beugen (Abb. 102). Beide Fahrweisen begünstigen Ermüdungserscheinungen, unnötige muskuläre Spannungen und – was am gravierendsten sein kann – Konzentrationsschwächen.

Der Sitz sollte nah genug an Schalthebeln und Armaturen sein, daß Sie den ersten Gang einlegen bzw. die Handbremse anziehen können, ohne sich nach vorne zu lehnen. Der Rücken sollte auf keinen Fall den Kontakt zur Lehne verlieren (Abb. 103).

Andererseits sollten Sie auch nicht so weit vorn sitzen, daß sich bei Autobahnfahrten Ihr Fuß auf dem Gashebel verkrampft, weil das Knöchelge-

Abb. 101: Beengte und verkrampfte Haltung beim Fahren.

Abb. 103: Verbesserte Sitzhaltung der Fahrerin.

Abb. 102: Zu weit vom Steuerrad entfernt!

lenk ständig zu sehr gebeugt ist. Sie sollten weit genug von den Pedalen entfernt sein, daß alle Winkel, die zwischen Hüften, Knien und Knöcheln gebildet werden, stumpfe Winkel sind, d.h.

mehr als 90 Grad betragen. Um einen solchen stumpfen Winkel zwischen Hüfte und Körper herzustellen, muß der Sitz etwas nach hinten gestellt sein. Eine leichte Kurve der Lendenwirbelsäule sollte erhalten bleiben, ein stark gerundetes Rückenkissen jedoch wird in den meisten Fällen diese Kurve zu sehr betonen. Man sollte es nur verwenden, wenn der Sitz sehr konkav ist und ohne Verwendung dieses Kissens sonst ein Rundrücken entstehen würde. Ein kleines Kissen am richtigen Platz im Bereich des unteren Rückens oder auch ein speziell angefertigtes Kissen, das den Beckengürtel und den unteren Rücken unterstützt, kann hier sehr hilfreich sein.

Besserer Gebrauch des Körpers beim Fahren

Setzen Sie sich soweit im Sitz zurück wie möglich. Achten Sie darauf, daß das Gewicht gleichmäßig auf beiden Sitzknochen verteilt ist und der Rücken möglichst in seiner ganzen Länge Kontakt mit der Rückenlehne hat. Wenn Sie längere Zeit im Auto sitzen, sollten Sie die

Gelegenheit benützen und die Anweisungen geben. Denken Sie daran, daß der Kopf nach vorne und oben ausgerichtet ist, daß sich der Rücken mit Unterstützung der Lehne längt und weitet und daß sich Ihre Knie durch die Anweisungen nach vorne und nach außen über die Füße bewegen. Wenn Sie Ihre Beine oder Arme bewegen, sollte die Bewegung immer vom Körper weg unter größtmöglicher Längung des betreffenden Gliedes erfolgen.

Manchmal muß man sich nach vorn lehnen, von der Rückenlehne weg, z.B. wenn man eine sehr belebte Straße überqueren muß. Dann treten oft Anzeichen von Nervosität und Anspannung auf, und der Hals versteift sich, obwohl es gerade in dieser Situation sehr wichtig ist, daß man den Kopf leicht und schnell drehen kann. Lehnen Sie sich von der Hüfte aus nach vorne, und geben Sie die Anweisungen für die Primärkontrolle, so daß der Hals frei wird, und der Kopf sich nach oben ausrichtet und etwas nach vorn neigt. Wahrscheinlich geht dann Ihre Blickrichtung etwas unter die Horizontale. Während Sie weiter an die freie Beweglichkeit des Halses denken, drehen Sie den Kopf um eine leicht nach vorn geneigte Achse, um beide Seiten der Straße überblicken zu können. Auf diese Weise vermeiden Sie ein Zurückziehen des Kopfes und eine Verkrampfung der Schultern. Natürlich müssen Sie die ganze Zeit weiter auf den Verkehr aufpassen!

Ähnliche Schwierigkeiten treten auf, wenn man rückwärts einparken muß. Es gibt eine Grenze, wie weit man den Kopf drehen kann, deshalb sollte man, statt den Kopf mit Gewalt herumzudrehen, lieber den Sicherheitsgurt öffnen und auch den Körper in die Richtung wenden, in die man blicken muß.

Schließlich noch einige Bemerkungen zur Position der Hände auf dem Steuerrad: Früher wurde allen Fahrschülern beigebracht, das Lenkrad in der Stellung »10 vor 2« oder »Viertel vor 3« zu halten. Dadurch werden aber Verspannungen im Bereich des Schultergürtels begünstigt und Ermüdungserscheinungen beschleunigt, so daß sich auch die Reaktionszeit verlangsamen kann. Halten Sie das Lenkrad lieber etwas lockerer – hauptsächlich mit den ersten drei Fingern, die anderen Finger nur leicht an den Rand gelegt – in der Stellung »Viertel vor 4« oder »20 vor 5«; wenn möglich, die Ellbogen von Armlehnen unterstützt. Beachten Sie die Ähnlichkeit dieser Handhaltung mit der Haltung der Hände auf der Stuhllehne, und geben Sie die entsprechenden Anweisungen. Es wird Ihnen helfen, Ihre Aufmerksamkeit zu verbessern und Ihre Reaktionsspanne in Notfällen zu verkürzen. Legen Sie die Hände etwas weiter oben um das Steuer und benützen Sie alle Finger, wenn Sie einparken möchten oder Haarnadelkurven fahren müssen, aber veranstalten Sie keinen Ringkampf mit dem Steuerrad!

Radfahren

Man sollte Fahrräder mit einer sehr niedrigen Lenkstange vermeiden – auch wenn die Griffe nach oben gebogen sind: Um geradeaus zu schauen und den Verkehr zu beobachten, muß man den Kopf unweigerlich zurückziehen, was zu Verkrampfungen des Nackens und der Schultern führt. Natürlich kommt es letztendlich auf Ihre Prioritäten an. Die Haltung, die der Rennlenker dem Radfahrer aufzwingt, läßt zwar die Beine mehr arbeiten, aber das muß man mit wesentlichen Nachteilen für Nacken und Rücken bezahlen. Wenn Sie sich entschließen können, ein wenig des Vorteils für die Beine zu opfern, und sich dafür einen höheren, geraden Lenker anschaffen, werden Sie mit Leichtigkeit und Bequemlichkeit noch weit bis ins 21. Jahrhundert hinein radfahren können – und Sie haben einen sicheren Überblick über den Verkehr!

Man sollte auch die Größe und Form des Rahmens bedenken. Sehr oft haben Radfahrer Räder, die zu klein sind, so daß sie sich über die Lenkstange »hängen«. Auch das Design der Mountain Bikes scheint dazu einzuladen. Damenfahrräder haben oft einen sehr langgestreckten Rahmen, so daß die Fahrerin sich sehr weit nach vorne lehnen muß.

Aber es ist durchaus nicht notwendig, steil aufgerichtet auf dem Fahrrad zu sitzen, eine leichte Neigung, von den Hüften aus nach vorne, ist völlig akzeptabel. Denken Sie daran, den Kopf nach oben auszurichten und leicht im Okzipitalgelenk nach vorn zu neigen, so daß sich der Rücken längen kann. Erlauben Sie den Schultern und Ellbogen, sich zu entspannen und zur Seite zu gehen. Die Arme bilden einen flachen, sich erweiternden Kreis, der Rücken sollte von der Lenkstange weg nach hinten gehen.

Es gibt viele Mißverständnisse über die beste Höhe des Sattels. Man sollte nicht danach fragen, ob man, wenn man im Sattel sitzt, die Füße noch auf den Boden stellen kann. Bei dieser Sattelhöhe verkrampfen sich die Beine leicht, ermüden schnell, und man kommt in Versuchung, den Rücken zu beugen, um mehr Kraft in den Beinen zu haben. Statt dessen sollten Sie darauf schauen, daß der Sattel genau so hoch ist, daß Ihr Bein *fast* ganz gestreckt ist, wenn das Pedal unten ist, aber nicht so gestreckt, daß das Knie durchgedrückt ist.

Wenn Sie in die Pedale treten, sollten Sie Ihre Beine *von den Hüften aus* bewegen, aber lassen Sie nicht zu, daß das ganze Becken hin- und herrutscht. Das passiert, wenn der Sattel zu hoch ist, und verdreht die Lendenwirbelsäule. Der Rumpf sollte ganz unbewegt bleiben.

Als letztes noch ein Wort zu den Knien: Oft zeigen die Knie beim Radfahren nach innen, vor allem bei Frauen, und die Füße werden nach außen gestellt. Die Oberschenkel drücken auf die Hüften. Die Knie und Knöchel werden übermäßig belastet, da die Bewegung bis zum äußersten ihrer Möglichkeiten geht, und die Kraft der Beine wird nicht sehr wirkungsvoll ausgenutzt. Wenn Sie Ihre Knie durch die Anweisungen nach außen ausrichten, werden Sie natürlich zuerst *das Gefühl* haben, daß sie viel zu weit auseinander sind!

Wenn Sie eine starke Steigung hinauffahren, sich in die Pedale stellen und auf Ihren Lenker stützen, müssen Sie darauf achten, Ihren Rücken nicht zu verkürzen. Denken Sie an die Gegenbewegung vom Rücken, der sich nach oben aufrichtet, und von den Beinen, die sich nach unten stemmen, und lassen Sie Ihre Schultern los.

9 Bewegen Sie sich kopflastig?

Legen Sie einen kleinen Gegenstand auf den Fußboden vor sich, wobei an Ihrer Seite ein Spiegel sein sollte. Dann bücken Sie sich nach dem Gegenstand und heben ihn langsam auf. Versuchen Sie zu beobachten, wie Sie sich bücken, und vergleichen Sie das, was Sie sehen mit dem, was Sie durch Ihr kinästhetisches Empfinden wahrnehmen. Wahrscheinlich können Sie bemerken, daß Ihre Beine sich versteifen und Ihre Zehen sich krümmen, während Sie Ihren Rücken beugen. Machen Sie einmal eine kleine Pause, während Sie sich bücken, und fühlen Sie, wie steif Ihr Nacken dabei wird. Wahrscheinlich haben auch Ihre Fersen den Kontakt zum Fußboden verloren, selbst wenn Sie daran gedacht haben sollten, Ihre Knie zu beugen. Wenn Sie ein Bein etwas vorstellen und den Arm derselben Körperseite benützt haben, um den Gegenstand aufzuheben, hat sich Ihr Rücken beim Bücken nicht nur verkürzt, sondern auch verdreht, wodurch er besonders belastet ist. Dies ist ein Beispiel für »kopflastige« Bewegungen, es gibt noch viele andere (*Abb. 104 u. 105*).

Vielleicht denken Sie: Es kommt doch wirklich nicht so darauf an, wie ich einen *leichten* Gegenstand aufhebe. Wenn Sie jedoch länger darüber nachdenken, werden Sie verstehen, daß Sie auf

Abb. 104: »Kopflastiges« Bücken, die Wirbelsäule wird verdreht.

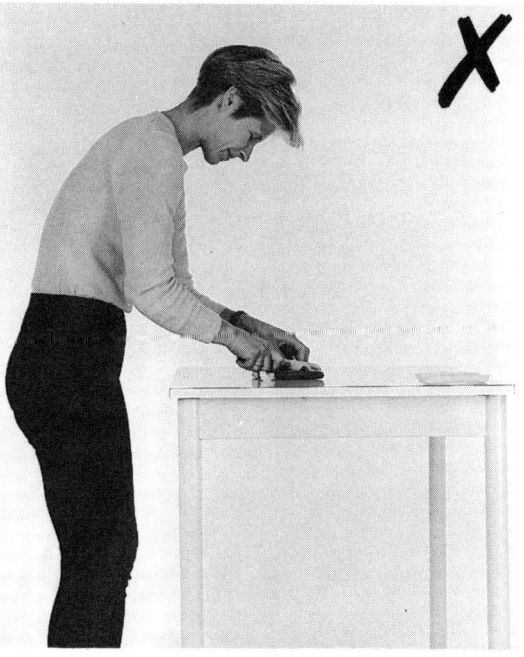

Abb. 105: Hausarbeit verursacht oft einen krummen Rücken.

Abb. 106: So kann man seinen Rücken mit einer einzigen, unbedachten Bewegung ruinieren.

diese Weise das falsche Bücken quasi »einüben«, so daß Ihre Muskeln, wenn Sie etwas Schweres heben müssen – auch wenn Sie an die Standardregel »Knie beugen« denken – in der gewohnten Weise reagieren werden (*Abb. 106*).

Wenn wir auf diese Weise unseren Körper miß-brauchen, können mit der Zeit durch die ständigen Wiederholungen schwerste Wirbelsäulen-schäden entstehen. Das Bücken, eine scheinbar nebensächliche, unwichtige Bewegung, kann zu dem »Strohhalm werden, an dem der Rücken des Kamels zerbricht«. Oft wird auch die Beziehung zwischen dem, was wir tun, und den eventuellen Folgeschäden gar nicht deutlich. (Es kann bis zu 24 Stunden dauern, bis der Schaden an einer Bandscheibe bemerkt wird. Die Bandscheibe steht nicht direkt mit dem Nervennetz in Verbindung, und bei einer Verletzung kann es eine Weile dauern, bis bestimmte chemische Substanzen freiwerden und benachbarte Nerven aktivieren.)

Abb. 107 und 108: Das kleine Kind zeigt die freie Beweglichkeit aller Beingelenke.

102

Vergleichen Sie Ihre Art, sich zu bücken, mit der eines kleinen Kindes: Die Beine des Kindes arbeiten kräftig, Hüften, Knie und Knöchel sind frei beweglich, und das richtige Verhältnis von Kopf, Hals und Rücken wird die ganze Zeit beibehalten. Auch kann ein kleines Kind sich ohne Schwierigkeiten längere Zeit hinhocken (*Abb. 107 u. 108*).

Entdecken Sie Ihre Hüftknochen

Wie das Okzipitalgelenk, ist auch das Hüftgelenk ein sehr wichtiges Gelenk, von dem man wirklich wissen sollte, wo es sich befindet, damit man es richtig benützen kann. Wenn wir uns bücken, sollten wir versuchen, die Fähigkeit des Kindes wiederzuerlangen, sich frei in den Hüften, Knien und Knöcheln zu bewegen. Die Hüftgelenke sind viel weiter *unten*, als wir vielleicht glauben. Die Stelle, wo die meisten meinen, daß sie sich bücken sollten, wenn sie etwas aufheben möchten, liegt irgendwo zwischen Becken und Taille. Genau an dieser Stelle wird dann beim Niederbeugen auch der Rücken gekrümmt.

Stellen Sie sich hin, und bewegen Sie ein Bein im Hüftgelenk, indem Sie das Knie anheben und wieder senken. Vorne können Sie die Lage des Gelenks spüren, wenn Sie am Ende des Oberschenkels den unteren Beckenrand ertasten, die andere Seite des Gelenks können Sie kurz vor den Sitzknochen fühlen. Dieses praktische Wissen hilft, zu verstehen, wo das Bücken eigentlich anfangen soll.

Es gibt zwei Arten, das Bücken so zu üben, wie wir es im täglichen Leben immer durchführen sollten: die »Affenstellung« (Beugestellung mit geradem Rücken und den Füßen nebeneinander) und den Ausfallschritt, wobei ein Fuß etwas vorgestellt ist. *Ich möchte noch einmal betonen, daß ein Lehrer Sie mit diesen Vorgängen vertraut machen sollte, damit Sie sie wirklich verstehen.* Alexander nannte diese Stellungen die »Positionen des größtmöglichen mechanischen Vorteils«. Man kann sie auf verschiedene Weise modifizieren, je nach den Erfordernissen der Tätigkeit, die man gerade ausführt. Zunächst wollen wir uns auf die »Affenstellung« konzentrieren.

»Affenstellung« (Beugestellung mit geradem Rücken)

Diese Art, sich zu bücken, wurde von den Alexander-Studenten aus naheliegenden Gründen »Affenstellung« genannt, wie Sie sehen werden! Man macht den »Affen« normalerweise mit den Füßen in Hüft- oder auch Schulterbreite. Je nach den Erfordernissen der jeweiligen praktischen Anwendung können Sie die Füße auch nebeneinander oder bedeutend weiter auseinander stellen. Sie können den »Affen« beim Abwaschen, beim Gesicht- und beim Händewaschen, beim Hochheben von relativ schweren Sachen wie Einkaufstaschen oder Kisten und bei Sportarten wie Skifahren, Rollschuhlaufen, Tennis, Reiten und eigentlich allen Kampfsportarten benützen. Am Anfang übt man den »Affen« in zwei verschiedenen Stadien. Wenn man sich direkt aus dem Stehen nach vorn beugt, gerät man leicht wieder in alte, falsche Bewegungsgewohnheiten hinein, krümmt den Rücken und verkürzt seine Statur (*Abb. 109*). Deshalb üben wir zunächst nur, die Beine zu beugen, während wir an die Längung des Rückens denken. Dann können wir die Neigung nach vorn üben. Sie wird durch eine Bewegung erzielt, die den Körper von den Hüften aus nach vorn und oben bringt, und durch das noch tiefere Beugen der Knie (*Abb. 110 – 112*).

Sehen wir uns den »Affen« im Detail an. Wahrscheinlich beginnen Sie im Stehen, mit den Fü-

Abb. 110-112: So geht man in die »Affenstellung«.

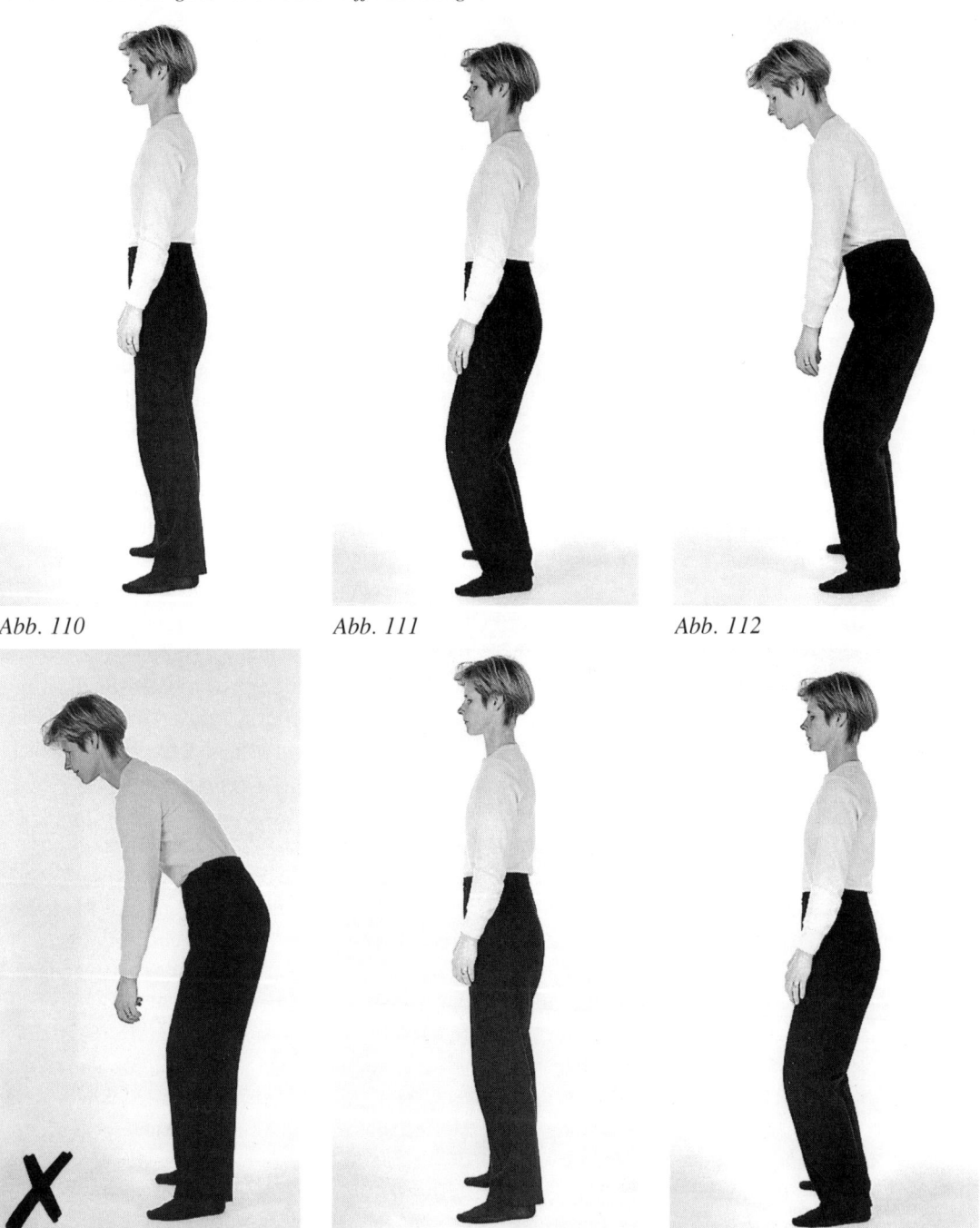

Abb. 110

Abb. 111

Abb. 112

Abb. 109

Abb. 113

Abb. 114

ßen relativ nah beisammen. Geben Sie die An-weisungen für die Primärkontrolle, und während Sie weiter an die Längung Ihres Körpers denken, verlagern Sie das Gewicht auf ein Bein und stellen das andere durch Anheben des Knies ein wenig zur Seite, so daß Ihre Füße in Hüft- oder Schulterbreite stehen. Das Gewicht sollte sich jetzt gleichmäßig auf beide Füße verteilen. Ach-ten Sie darauf, daß die Füße leicht nach außen zeigen, in die Richtung, in die sich auch die Knie beim Beugen bewegen.

1.) Geben Sie nochmals die Anweisungen. Dann richten Sie, in Verbindung mit der Längung des Rückens, den Kopf wieder nach vorne und oben aus und Rücken und Hals, in einer Gegenbewe-gung dazu, nach hinten und oben. Dadurch gehen die Hüften etwas zurück. Dann lassen Sie die Knie noch etwas nach vorne gehen. Auf diese Weise können Sie die Bewegung, die durch die Ausrichtung des Körpers in einander entgegen-gesetzte Richtungen entsteht, vorbereiten (*Abb. 113*).

2.) Während Sie weiter an die Längung der Wirbelsäule denken, erlauben Sie Ihrem unteren Rücken, sich zu weiten, und gehen noch mehr in die Knie. Die Knie bewegen sich dabei nach vorne und etwas nach außen. (*Abb. 114 u. 115*) Zuerst sollten Sie die Knie nicht so sehr beugen. Später können Sie viel weiter in die Knie gehen, ohne daß die Gefahr besteht, daß Sie dabei Ihre ganze Länge aufgeben (*Abb. 116 u. 117*).

Häufig gemachte Fehler bestehen darin, daß das Hüftgelenk nicht genügend betätigt wird (statt dessen wird das ganze Becken nach vorne ge-schoben) und daß die Knie nach innen gehen. Wenn Sie das im Spiegel beobachten, können Sie ein leichtes Hohlkreuz und eine Verlagerung des Gewichts nach hinten sehen (*Abb. 118 u. 119*). Ein Hohlkreuz entsteht auch, wenn die Ausrichtung nach oben nicht gelingt und Sie sich

Abb. 115

Abb. 116

Abb. 117

Abb. 118-120: Der durchgedrückte Rücken.

Abb. 122-125: »Affenstel-
Abb. 121: Das Endstadium des »Affen«. lung« an einer Wand. → Abb. 122

mit verkrampfter Gesäßmuskulatur schwer nach unten fallen lassen (*Abb. 120*).

Die Beugestellung gelingt, wenn die Wirbelsäule in voller Länge aufgerichtet ist, der Rücken sich weitet, die Hüften nach hinten gehen und die Knie weich nach vorne nachgeben. Das Hauptgewicht des Körpers sollte nach wie vor auf dem Punkt kurz vor der Ferse ruhen.

3.) Die letzte Phase des »Affen« besteht im Vorwärtsneigen des Körpers aus der Hüftgegend heraus. Der Kopf führt die Bewegung an. Er wird im Okzipitalgelenk nach vorn geneigt, und dieser Bewegung folgen Hals und Rücken, während Knie, Knöchel und Hüften nachgeben und der Körper sich von den Hüften aus nach vorne beugt (*Abb. 121*). Wenn die Gelenke der Beine blockiert sind, weil sie nicht ausreichend entspannt sind, verlagert sich das Körpergewicht nach vorne auf die Fußballen, die Zehen verkrampfen sich, das Gesäß hebt sich und ein Hohlkreuz entsteht. Ihre Blickrichtung sollte nach unten gehen, etwa einen Meter vor Ihnen auf den Boden. Die Arme hängen locker herab, der Rücken weitet und längt sich, so daß die Atmung immer freier wird.

Der »Affe« mit Unterstützung durch eine Wand

Damit Sie diese Bewegung noch besser verstehen, vor allem die Idee, daß der Rücken »hinten« bleiben sollte, können Sie das Ganze an der Wand üben. Dadurch wird der Rücken natürlich

Abb. 123   Abb. 124   Abb. 125

in etwas übertriebener Weise hinten bleiben, doch es wird Ihnen später helfen, wenn Sie den »Affen« frei stehend ausführen.

1.) Stellen Sie sich einige Zentimeter vor eine glatte Wand oder Tür, die Füße in Hüft- oder Schulterbreite. Geben Sie die Anweisungen für Kopf, Hals und Rücken (*Abb. 122*).

2.) Während Sie den Kopf nach vorne und oben ausrichten, bringen Sie Ihren Rücken in Kontakt mit der Wand, indem Sie in Hüften und Knöcheln nachgeben, und zwar sollten Gesäß und Schulterblätter die Wand etwa zur selben Zeit berühren (*Abb. 123*). (Das Gewicht ist jetzt etwas weiter nach hinten verlagert als beim freien Stand.)

3.) Jetzt geben Sie wieder die Anweisungen für die Primärkontrolle, dann lassen Sie die Knie sich nach vorn und voneinander weg bewegen. Währenddessen begradigt sich der Rücken weiter an der Wand, und Sie können sich *leicht* zurücklehnen. (*Abb. 124*).

Falls Sie Ihren Rücken krümmen und Ihren Oberkörper verkürzen, können Sie spüren, daß er den Kontakt zur Wand verliert. *Auf diese Weise gehen die meisten in die Beugestellung – sie lassen sich schwer nach unten fallen und beugen unter Muskelanspannung ihre Knie, statt die Wirbelsäule nach oben auszurichten und weich in allen Beingelenken nachzugeben.* Deshalb sollten Sie besonders darauf aufpassen, daß der obere Rücken hinten bleibt und der Kopf nach vorne und oben ausgerichtet ist. Während Sie in die Knie gehen, sollte der Rücken noch stärkeren Kontakt zur Wand bekommen und das Becken sich leicht nach vorne neigen. (Die Stellung, die der Körper dann einnimmt, ist fast die gleiche wie beim Hinlegen mit einem Buch unter dem Kopf.)

4.) Wenn Sie jetzt den Körper von den Hüften aus nach vorne lehnen, sollten Sie nicht vergessen, innezuhalten und die Anweisungen für Kopf,

Hals und Rücken zu geben. Der Kopf wird leicht im Okzipitalgelenk geneigt und führt die Bewegung. Die Knie geben nach und bewegen sich nach vorne, während sich auch Hüften und Knöchel beugen. Das Gesäß sollte den Kontakt zur Wand nicht verlieren (*Abb. 125*). Das Körpergewicht ruht wieder auf dem Punkt kurz vor der Ferse. (Sollte dies nicht der Fall sein, müssen Sie das nächste Mal den Abstand der Füße zur Wand etwas verändern.)

5.) Wenn Sie sich wieder hinstellen möchten, richten Sie den Kopf nach vorn und oben aus und erlauben Sie Ihrem Rücken, sich nach hinten zu bewegen, so daß er wieder Kontakt mit der Wand bekommt.

6.) Dann lassen Sie Ihren Kopf aus den Schultern »herauswachsen«. Der Körper folgt, so daß Sie langsam an der Wand hochrutschen, bis die Beine gerade sind. (Achten Sie aber darauf, beim Stehen die Knie nicht durchzudrücken.)

7.) Denken Sie weiterhin an die Primärkontrolle, und verlagern Sie Ihr Gewicht etwas weiter nach vorn, so daß es gut auf dem ganzen Fuß verteilt ist und Sie frei stehen können. Jetzt sind Sie wieder zur Ausgangsposition zurückgekehrt.

Die Hocke

Kleine Kinder können sich mit Leichtigkeit hinhocken. In vielen Kulturen ist das Hocken die normale Sitzhaltung. (Degenerative Veränderungen des Hüftgelenks sind in diesen Kulturen so gut wie unbekannt.) Man braucht dafür eine große Beweglichkeit der Hüften, Knie und Knöchel, von der wir leider – jedoch nicht unwiederbringlich – mit dem Älterwerden viel einbüßen. Wenn die Fersen auf dem Boden bleiben, liegt in der Aufwärtsbewegung beim Anheben von Gegenständen sehr viel Kraft und die großen

Abb. 126: Auch der Erwachsene kann die Leichtigkeit, mit der das kleine Kind in die Hocke geht, wiedererlangen!

Oberschenkelmuskeln können die Hauptarbeit verrichten. Die Längung der Rückenmuskulatur bewahrt die Wirbelsäule vor Schäden (*Abb. 126*). Die Hocke ist im Prinzip ein sehr tiefer »Affe«. Sie können das Hinhocken auf folgende Weise üben: Zunächst beugen Sie die Knie so weit Sie können, ohne sich zu verkrampfen, und denken dabei an die Längung der Wirbelsäule nach oben (das erste Stadium des »Affen«). Sie werden bis zu einem Punkt kommen, an dem sich die Knöchelgelenke nicht weiter biegen (*Abb. 127*). Jetzt könnten Sie natürlich die Fersen vom Boden heben, aber wahrscheinlich bekommen Sie dann Balanceprobleme und drücken Ihren Rücken durch.

Statt dessen sollten Sie den Kopf nach vorn und oben gehen lassen, die Knie ein wenig mehr beugen und sich von den Hüften aus nach vorn neigen. Wenn Sie jedes Mal in allen Bein-gelenken weich nachgeben und sich etwas mehr von der Hüfte aus nach vorn lehnen, werden Sie sich nach und nach immer tiefer beugen können (*Abb. 128*). Das Körpergewicht ruht wieder auf dem Punkt kurz vor den Fersen. Bitte forcieren Sie nichts, und bleiben Sie geduldig. Es kann einige Zeit dauern, bis Ihnen eine tiefe Hocke gelingt und Sie bequem eine Weile so bleiben können, ohne sich um die Knöchelgelenke herum zu verkrampfen (*Abb. 129*).

Durch die Alexander-Technik soll erreicht werden, in jeder Stellung frei beweglich zu sein und die optimale Länge der Wirbelsäule aufrechtzuerhalten. Es kommt nicht darauf an, ob die »Haltung« in jedem Fall ideal aussieht. Ab und zu muß man Bewegungen machen, die nicht unbedingt für die Mechanik des Körpers vorteilhaft sind. Versuchen Sie, die bestmögliche, an

Abb. 127-129: So geht man in die tiefe Hocke.

Abb. 127   *Abb. 128*

*die jeweilige Situation angepaßte Kompromiß-
lösung zu finden.*

Man kann das Hocken auch üben, indem man
gleich zum zweiten Stadium des »Affen« über-
geht und sich allmählich weiter nach vorne lehnt,
während sich die Beine in allen Gelenken beugen.

Es ist viel wichtiger, die Flexibilität der Beine
wiederzuerlangen oder zu erhalten, als mit gestreckten Beinen die Zehen berühren zu können.
Sie wird Ihren Rücken vor Schaden bewahren,
wenn Sie sich bücken oder Gartenarbeit machen,
und auch im Alter werden Sie Ihre Zehennägel
noch selbst schneiden können!

Abb. 129 →

Das Hinhocken mit Hilfe einer Türklinke

Um die Beweglichkeit der Beingelenke wiederzuerlangen, ist es sehr hilfreich, die Klinke einer halboffenen Tür als Stütze zu benützen. Es erleichtert die Balance ungemein, wenn Sie sich an der Klinke festhalten, während Sie sich zurücklehnen und die Knie beugen. Diese Bewegung führt Sie weiter zurück als es im freien Stand möglich wäre, aber Sie machen so die wichtige Erfahrung, daß der Rücken im Verhältnis zu Kopf und Knien wirklich hinten bleibt.

1.) Stellen Sie sich so nah vor die Türkante – die Füße in Hüft- oder Schulterbreite – daß Sie die Türklinke mit gestreckten Armen erreichen können (jedoch ohne die Ellbogen durchdrücken zu müssen). Ein Stuhl sollte so hinter Ihnen stehen, daß er die Rückseite Ihrer Beine leicht berührt. Während Sie an die Längung der Wirbelsäule denken und den Rücken hinten lassen, erfassen Sie erst mit der einen und dann mit der anderen Hand die Türklinke (*Abb. 130*).

2.) Richten Sie den Kopf nach vorne und oben aus und Nacken und Rücken nach hinten. Dann lassen Sie die Hüften nach hinten gehen und beugen die Knie, so daß sie sich nach vorne und außen über die Füße bewegen. Vergessen Sie dabei aber nicht die Längung der Wirbelsäule. Schließlich finden Sie sich aufrecht sitzend auf dem Stuhl wieder (*Abb. 131 u. 132*).

Denken Sie noch einmal über diese Bewegung nach: Hätten Sie wirklich geplant, sich hinzusetzen und dabei die Primärkontrolle vergessen, so wären Sie wahrscheinlich mit vorgeneigtem Oberkörper auf dem Stuhl angekommen und mit einem Hohlkreuz, die Hüften weiter hinten als

Abb. 130

Abb. 131

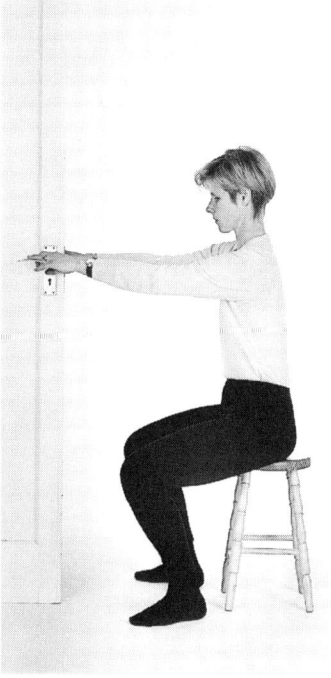

Abb. 132

111

die Schultern! Die in entgegengesetzte Richtungen wirkenden Kräfte müssen fein miteinander ausbalanciert werden, damit diese Bewegung gut ablaufen kann.

3.) Wenn Sie sich wieder hinstellen wollen, müssen die Beine mehr arbeiten, als wenn Sie frei stehen. Richten Sie Ihren Kopf wieder nach vorn und oben aus, und lehnen Sie sich von den Hüftgelenken aus zurück. Dann stemmen Sie die Füße in den Boden und lassen die Knie nach vorn und zur Seite gehen. Lockern Sie Ihre Schultern, und lassen Sie sie ebenfalls zur Seite gehen. Denken Sie an die Längung der Arme, so daß keine übermäßige Anspannung entsteht, wenn Sie sich jetzt nach oben ziehen. Erneuern Sie die Ausrichtung Ihres Körpers nach oben, und Sie werden sich plötzlich stehend wiederfinden.

4.) Für den nächsten Schritt nehmen Sie einen etwas niedrigeren Stuhl oder Hocker. Schließlich werden Sie auch ohne dieses Hilfsmittel in eine tiefe Hocke gehen können (*Abb. 133*). Wenn Sie sich wieder hinstellen, müssen Sie sehr darauf achten, sich beim Hochziehen nicht zu verkrampfen (*Abb. 134*). Beachten Sie die Anleitung unter Punkt 3 (*Abb. 135*).

Der Ausfallschritt

Bei dieser Beugestellung haben Sie die Füße in Hüftweite auseinander, und ein Fuß ist etwas vorgestellt. Der Körper befindet sich in einer starken Ausgangsposition für Gewichtsverlagerungen nach vorn und hinten. Aber Sie sollten einen Lehrer haben, der Sie gründlich mit dieser Stellung vertraut macht. Der Ausfallschritt ist

Abb. 133

Abb. 134

Abb. 135

sehr vorteilhaft bei Zieh- und Schiebbewegungen, Tätigkeiten wie: einen Karren schieben oder ziehen, Fegen, Staubsaugen, Bügeln, Türen öffnen und schließen. Auch im Sport, z.B. beim Tennis, Fechten und in allen Kampfsportarten wird er oft gebraucht. Wenn Sie die Füße näher zusammenstellen und die Knie leicht beugen, erhalten Sie eine noch günstigere Haltung für das Stehen an Arbeitsflächen als den »Affen« (*Abb. 136*).

Wie den »Affen«, so kann man auch den Ausfallschritt in mehreren Stadien üben, damit die einzelnen Elemente der Bewegung deutlich werden. Im täglichen Leben jedoch ist der Unterschied zwischen den einzelnen Bewegungsabschnitten oft verwischt, einzelne Elemente, die hier beschrieben werden, können auch ganz fehlen (*Abb. 137 – 144*).

1.) Beginnen Sie im Stehen, mit den Füßen nah beisammen. Versuchen Sie, die Wirbelsäule optimal aufzurichten, und verlagern Sie Ihr Gewicht auf ein Bein (beugen Sie die Knie leicht). Dann drehen Sie Ihren Oberkörper leicht zur Seite des unbelasteten Beines (um 30 Grad) und stellen den Fuß schräg und ziemlich nah neben das Standbein. Sie sollten nun in die Richtung blicken, in die Sie den Ausfallschritt machen wollen, der vordere Fuß sollte auch in diese Richtung zeigen, der hintere etwa in einem Winkel von 30 Grad zur Seite (*Abb. 145*).

2.) Geben Sie wieder die Anweisungen, dann heben Sie das Knie des unbelasteten Beines an (und zwar geht das Knie nach vorne, in Gegenrichtung zum Rücken, der hinten bleibt) und bewegen dieses Bein ein wenig zur Seite, so daß

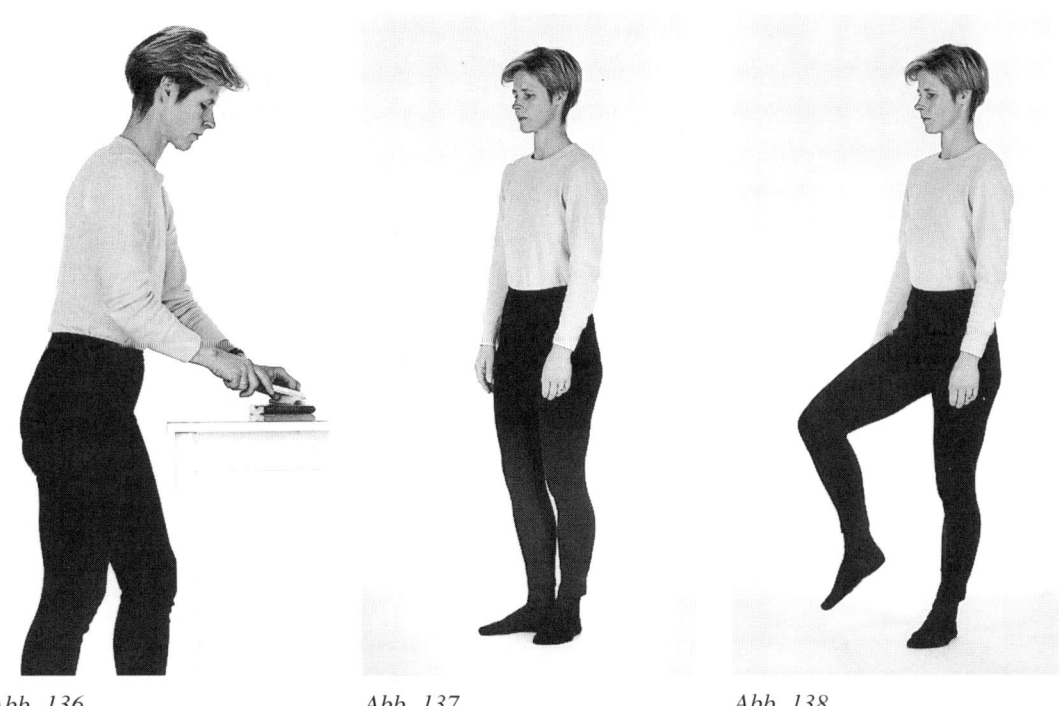

Abb. 136   Abb. 137   Abb. 138

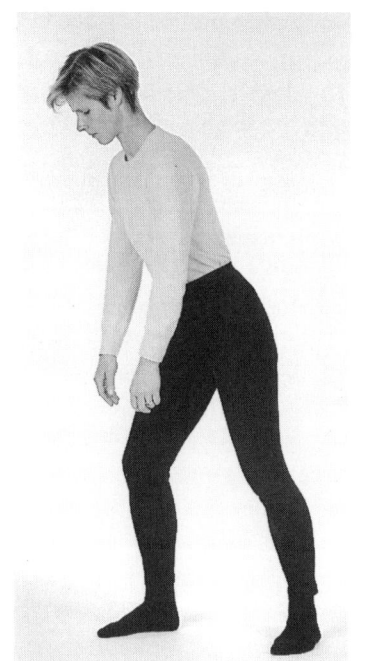

Abb. 139

Abb. 140

Abb. 141

Abb. 142

Abb. 143

Abb. 144

Sie den Ausfallschritt in diese Richtung machen können, mit den Füßen in Hüftbreite (*Abb. 146*).

3.) Damit Sie jetzt den Ausfallschritt vollenden können, richten Sie Ihren Körper nach vorne und oben aus (der Kopf führt die Bewegung an), *dann* setzen Sie Ihren Fuß 30 bis 60 Zentimeter vor dem hinteren ab. Das vordere Knie ist gebeugt, und die Hauptlast Ihres Körpers wird jetzt auf das vordere Bein übertragen. Riskieren Sie lieber einmal, die Balance zu verlieren, als daß Sie sich beim Versuch, sich aufrecht zu halten, völlig verkrampfen. Denken Sie weiter an die Längung der Wirbelsäule! Achten Sie darauf, daß der Abstand zwischen vorderem und hinterem Fuß mindestens eine Hüftbreite beträgt. (Das heißt natürlich nicht, daß die Füße *unter* den Hüften stehen sollten.) Lockern Sie die Gelenke des vorne stehenden Beines, so daß die Zehen nicht verkrampft sind und das Körpergewicht gut auf den ganzen Fuß verteilt ist (*Abb. 147*).

4.) Wenn Sie das Gewicht auf den hinteren Fuß verlagern wollen, richten Sie Ihren Kopf nach vorne und oben aus und bewegen Nacken und Rücken nach hinten und oben. Dabei streckt sich das vordere Bein. (Das Knie muß »weich« bleiben.) Jetzt haben Sie mehr Gewicht auf dem hinteren Bein, dessen Knie leicht gebeugt ist (*Abb. 148*). Versuchen Sie, ein Zurückziehen des Kopfes sowie ein Hohlkreuz, das der Bewegung die Kraft nimmt, zu vermeiden (*Abb. 149*).

5.) Um nach »unten« zu gehen (d.h. das hinten stehende Bein zu beugen), richten Sie wieder den Kopf nach vorne und oben aus, so daß sich die Wirbelsäule längt. Nacken und Rücken richten Sie nach hinten und oben aus und geben dabei mit dem hinteren Bein im Knie nach (*Abb. 150*). Ein häufig gemachter Fehler ist ein durchgedrückter Rücken, der mit einer Verschiebung

des Beckens zur Seite und einer Verdrehung der Lendenwirbelsäule einhergeht (*Abb. 151*). Kümmern Sie sich nicht weiter darum, wenn sich das Knie beim ersten Mal nicht sehr beugen läßt. Es ist viel wichtiger, daß die Hüften bei dieser Bewegung unter den Schultern bleiben und der Rücken nicht verdreht wird.

6.) Das nächste Stadium der Bewegung besteht darin, das hintere Bein wieder zu strecken – jedoch soll das Knie noch leicht gebeugt bleiben –, indem Sie den Kopf die Bewegung des Körpers nach vorne und oben anführen lassen (*Abb. 152*). Vermeiden Sie es, den Kopf zurückzuziehen und den Brustkorb anzuheben.

7.) Wenn Sie Ihr Gewicht nach vorn verlagern möchten, sollten sich die Bewegungen in folgender Reihenfolge abspielen: Zuerst richten Sie den Kopf nach vorne und oben aus, so daß die Längung vom hinten stehenden Fuß aus durch den ganzen Körper geht. Dann stemmen Sie diesen Fuß (besonders die Ferse) fest gegen den Boden, strecken dieses Bein und geben im vorderen Knie nach, bis es sich beugt und über dem Fuß befindet (*Abb. 153 u. 154*). Im T'ai Chi würde man sagen, daß das hintere Bein aktiv ist – es hilft Ihnen, sich nach vorn zu stemmen –, und das vordere Bein passiv. Es wird nach und nach mit Gewicht belastet, man sagt, es »füllt sich«. Das Ganze ist eine gute Ausgangsposition für Tätigkeiten, die Kraft verlangen. Falls jedoch das vordere Bein aktiv ist – und Sie damit die Gewichtsverlagerung ausführen –, wird sich Ihr Rücken durchdrücken. Ganz abgesehen von der Belastung für Ihre Wirbelsäule verlieren Sie so auch viel von der Schubkraft, die Ihnen die Verlagerung Ihres Körpergewichts gibt (*Abb. 155*). Wenn sich das Knie nach innen bewegt, verdreht sich Ihr Rücken. (Es ist allerdings möglich, den Oberkörper von den Hüften aus *ein*

Abb. 145   Abb. 146   Abb. 147   Abb. 148

Abb. 149   Abb. 150   Abb. 151   Abb. 152

Abb. 153   Abb. 154   Abb. 155   Abb. 156

wenig zur Seite zu wenden, ohne die Wirbelsäule zu verdrehen.)

8.) Um zur Ausgangsstellung zurückzukehren, erinnern Sie sich noch einmal daran, Ihren Hals zu entspannen. Lassen Sie den Kopf nach vorne und oben gehen, während Sie Ihr Gewicht auf das hintere Bein verlagern. Während dieser Gewichtsverlagerung wird das vordere Bein allmählich »leer«, und das hintere Bein »füllt« sich, d.h. es wird belastet. Dann können Sie das vordere Knie anheben und die Füße wieder nebeneinander stellen (*Abb. 156*).

Wenn Sie die verschiedenen Stadien dieser Bewegung gemeistert haben, wird es relativ leicht sein, die einzelnen Bewegungselemente miteinander zu kombinieren, so daß Sie, den Anforderungen entsprechend, das Gewicht nach vorne oder hinten verlagern können. Oft werden Sie sich gar nicht so weit von den Hüften aus vorbeugen müssen, statt dessen eher beide Knie beugen (*Abb. 157*). Auf diese Weise können Sie den Ausfallschritt noch besser den Erfordernissen der jeweiligen Tätigkeit anpassen, wie z.B. beim Staubsaugen oder Kehren. Die Kraft, die Ihnen die Gewichtsverlagerung nach vorne oder hinten verschafft, sollte den Staubsauger oder Besen bewegen; Arme und Schultern spielen dabei nur eine »lenkende«, sekundäre Rolle. Die Beine geben Ihnen eine starke, flexible Basis. Stellen Sie die Füße immer so, daß der vordere Fuß in die Richtung zeigt, in die Sie sich bewegen, die Hüften sollten gerade unter den Schultern bleiben (*Abb. 158*).

Hinsetzen und Aufstehen

Beim Hinsetzen und Aufstehen gebrauchen wir unseren Körper normalerweise denkbar ungünstig. Es ist eine erstaunlich diffizile Aufgabe, diese so oft gemachte Bewegung durch Inhibition und die Anweisungen zu verbessern. (Alexander-Studenten verbringen einen großen Teil ihrer Ausbildungszeit mit der Arbeit am Stuhl.)

Vom Stuhl aufstehen

1.) Lassen Sie uns im Sitzen beginnen. Wenn Sie bequem sitzen möchten, werden Sie sich sicher – soweit es möglich ist – anlehnen. Je weiter Sie jedoch hinten sitzen, je niedriger der Stuhl ist und je weiter Sie Ihre Beine nach vorn gestellt haben, desto schwieriger ist es, beim Aufstehen nicht nach vorne und unten zu ziehen und den Körper nicht zu verspannen und zu verkürzen. Damit Sie sich weiter nach vorn an die Stuhlkante setzen können, machen Sie zuerst eine kleine Pause, dann geben Sie die Anweisungen, bringen die Arme nacheinander nach hinten und fassen die Armlehnen oder die Seiten der Rückenlehne an. Nun lassen Sie Ihren Kopf die Bewegung nach vorn und oben ausführen, benutzen die Arme und die fest gegen den Boden gestemmten Füße als Unterstützung und setzen sich auf die Stuhlkante (*Abb. 159*). (Auf diese

Abb. 157   *Abb. 158*

Art kann man auch gut von einem niedrigen Stuhl aufstehen.)

2.) Jetzt bringen Sie Ihre Arme wieder nach vorn und legen die Hände in den Schoß, und zwar nacheinander. Wenn Sie beide Hände auf einmal nach vorne legen oder auf die Knie stützen, führt das leicht zu einer Verkrümmung der Wirbelsäule. Stellen Sie nun einen Fuß unter den Stuhl, wobei die Ferse den Boden nicht berühren sollte. Der andere Fuß muß so nahe am Stuhl stehen, daß der Fuß möglichst viel Bodenkontakt hat. Die Knie sollten nach außen gerichtet sein (*Abb. 160*).

3.) Bevor Sie sich jetzt von den Hüften aus nach vorne lehnen, denken Sie an die Anweisungen. Lockern Sie Ihren Hals, und lassen Sie den Kopf nach vorne und oben gehen, damit das Rückgrat sich längen kann. Der Blick richtet sich nach unten, auf eine Stelle etwa einen halben bis einen Meter vor Ihrem Sitzplatz. Versuchen Sie nicht, diese Bewegung mit übermäßig viel Schwung zu machen, dann entsteht meist ein Hohlkreuz, der Brustkorb wird angehoben und das Kinn nach oben gedrückt (*Abb. 161*).
Wenn Sie sich in der richtigen Weise nach vorne lehnen, erreichen Sie einen Punkt, an dem Sie eine Haltung einnehmen, die Alexander die »Frosch-Haltung« nannte. Falls Ihnen jemand den Stuhl wegziehen würde, müßten Sie in dieser Haltung einen »Froschhüpfer« machen, oder Sie könnten auch, noch weiter nach vorn gelehnt, etwas vom Boden aufheben (*Abb. 162 u. 163*). *Mit anderen Worten: Sie haben sich nicht dem Ziel, vom Stuhl aufzustehen, und dem damit verbundenen Bewegungsmuster verpflichtet. Statt dessen ist der Prozeß, der Sie mit der Zeit in die Lage versetzt, mit immer weniger Anstrengung aufzustehen, das Wichtigste.*

Das Aufstehen von einem Stuhl.

Abb. 159

4.) Lockern Sie wieder Ihren Nacken, so daß der Kopf nach vorne und oben gehen kann. Während Sie die Füße mehr und mehr belasten, bewegen Sie die Knie weiter nach vorn und nach außen und strecken Ihre Beine. Der Kopf führt, der Körper folgt. Vermeiden Sie jede Tendenz, die Knie nach innen zu bringen, um die Beine zu strecken. Wenn Sie aufrecht stehen, denken Sie wieder an die Anweisungen (*Abb. 164 u. 165*). (Sie können jederzeit entweder abschalten oder die Gelegenheit nützen, aufmerksam zu sein.)

Das Hinsetzen

Damit wir uns ohne übermäßige Anspannung und die damit verbundene Verkürzung der Wirbelsäule hinsetzen können, ist es notwendig – wie immer – an die »Mittel wodurch« zu denken. Der Stuhl sollte unsere Bewegung nach unten

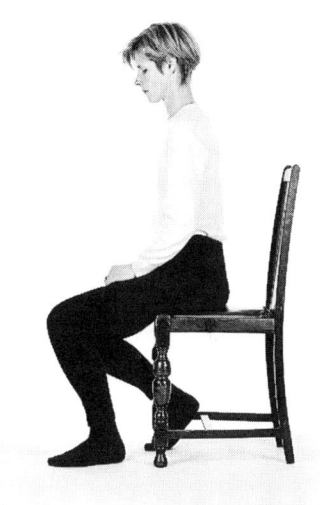

Abb. 160

Abb. 161: So sollte man nicht aufstehen – übermäßige An-spannung.

Abb. 162

Abb. 163

Abb. 164

Abb. 165

Abb. 166   *Abb. 167: Die falsche Art.*

nur unterbrechen, wir sollten nicht direkt nach der Sitzfläche »zielen«. Das Hinsetzen ist eine Serie immer tiefer werdender »Affen-Haltungen«.

1.) Stehen Sie mit den Füßen in Hüft- oder Schulterbreite, die Rückseite der Beine ziemlich nah am Stuhl. Sie können aber auch ein Bein ein wenig zurückstellen, wobei mehr Gewicht auf dem vorderen Bein ruht und die Ferse des hinteren Fußes ohne Bodenkontakt ist, so daß Sie diesen Fuß etwas unter den Stuhl stellen können. Entspannen Sie Ihren Hals, richten Sie Ihren Kopf nach vorne und oben aus, und denken Sie an die Längung und Weitung des Rückens, vor allem im Bereich der Lendenwirbelsäule (*Abb. 166*).

2.) Es gibt zwei Arten, die Hüften nach hinten zu bewegen, so daß sich die Sitzknochen der Sitzfläche des Stuhls nähern. Einmal kann man die Hüftregion nach hinten drücken. Dies ist mit einer Tendenz, sich nach vorne und unten zu krümmen, verbunden – die Bewegung, die wir normalerweise machen (*Abb. 167*). *Oder aber die Hüften bewegen sich zurück als eine Folge der Weitung des unteren Rückens* (Abb. 168).

3.) Während die Beine sich beugen – die Knie gehen nach vorn und auseinander – geben Sie die Anweisungen für die Primärkontrolle, so daß sich der Rücken weiter längen und weiten kann. Sie werden sich dann, mit leicht nach vorn geneigtem Oberkörper, auf dem Stuhl sitzend wiederfinden (*Abb. 169*).

4.) Um sich aufzurichten, geben Sie erneut – nach einer kleinen Pause – die Anweisungen, und dann bewegen Sie sich von den Hüften aus nach hinten. Der Kopf geht nach vorne und oben,

Abb. 168   Abb. 169   Abb. 170

während Hals und Rücken zurück und nach oben gehen (*Abb. 170*). (Beachten Sie, daß die Richtung »vorn und oben« sich je nach dem Winkel des Körpers ändert.)

Das Hinsetzen hat denselben Bewegungsablauf wie das Aufstehen – nur in umgekehrter Reihenfolge. Es gibt einen Film, der Alexander bei der Arbeit zeigt und der kürzlich auf Video übertragen wurde, den man auch rückwärts abspielen kann. (Dieser Film wurde 1940 gedreht, kurz vor Alexanders 80. Geburtstag.) Es ist nicht möglich, festzustellen, ob Alexander seine Schüler gerade hinsetzt oder aufstehen läßt.

Tragen und Hochheben

Als erstes einige grundlegende Regeln: Tragen Sie Lasten nah am Körper. Ihre Beine sollten eine kräftige und flexible Basis bilden, so daß Arme, Schultern und Lendenwirbelsäule wenig belastet werden. Egal, ob der Gegenstand leicht oder schwer ist, verspannen und verkürzen Sie Ihren Rücken nicht, sondern denken Sie an die Längung der Wirbelsäule, und lassen Sie Ihren Hals frei.

Sie werden sich an den Anfang des Kapitels erinnern, wo die Notwendigkeit, das »kopflastige« Bücken zu vermeiden, erörtert wurde (*Abb. 171*). Wenn Sie sich zum Fußboden beugen müssen und die tiefe Hocke noch nicht beherrschen, können Sie den etwas veränderten Ausfallschritt benützen, wobei der hintere Fuß nur auf den Zehenspitzen steht (*Abb. 172 u. 173*). Vergleichen Sie die Anstrengung beim ungeschickten Anheben einer schweren Kiste (*Abb. 174 u. 175*) mit der intelligenteren und geschickteren Vorgehensweise (*Abb. 176 – 179*). Achten Sie darauf, Ihren Rücken nicht durchzudrücken, wenn Sie eine Last tragen. Die Knie sollten beim

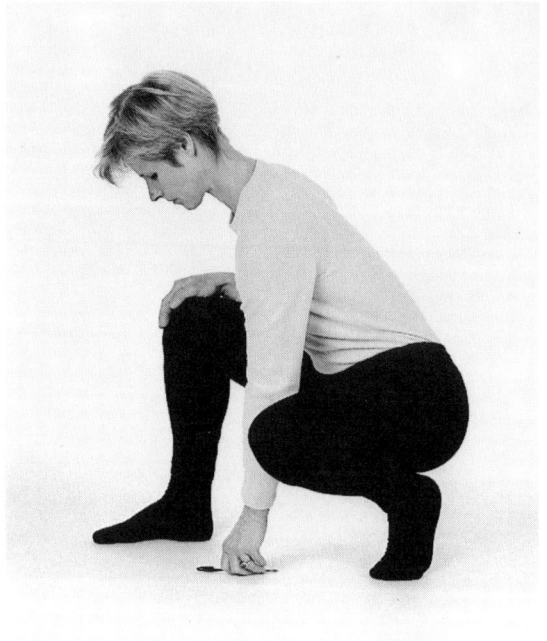

Abb. 171: »Kopflastiges« Bücken.

Abb. 172

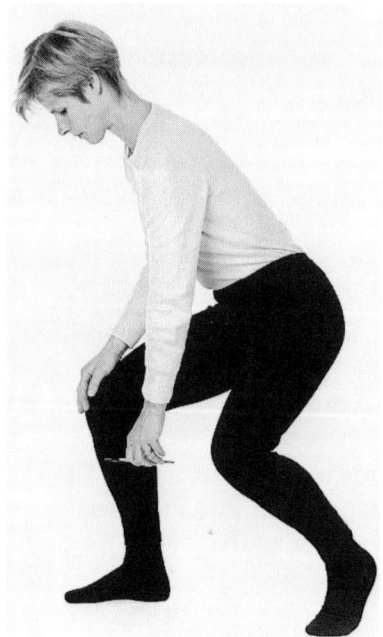

Abb. 173

Abb. 174: Ungeschicktes Anheben von Lasten.

Abb. 175

Abb. 176-179: Geschicktes Vorgehen beim Anheben von Lasten.

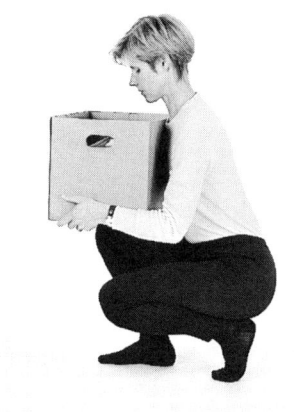

Abb. 176

Abb. 177

Abb. 178

Abb. 179

Abb. 180: Wohlausbalancierte Haltung beim Tragen.

Gehen oder Stehen »weich« bleiben, während der Rücken sich längt und weitet (*Abb. 180*). Manchmal muß man auch Kompromisse machen. Das Ein- und Auspacken von Einkäufen aus dem Kofferraum z.B. ist ein potentiell riskantes Unterfangen für den Rücken. Vielleicht können Sie ein Knie auf der Stoßstange Ihres Autos ruhen lassen, so daß Sie sich nicht so sehr nach vorne lehnen müssen. Wenn das nicht möglich ist und Sie Ihre Beine verkrampfen, geraten Sie in Schwierigkeiten (*Abb. 181*). Stellen Sie statt dessen die Beine weiter auseinander, und beugen Sie Ihre Knie, so daß durch die Primär-

kontrolle und die Oberschenkel die Hauptarbeit geleistet wird (*Abb. 182*).

Das Tragen von Einkäufen: Wenn Sie keinen Einkaufswagen benützen können, sollten Sie die Last auf 2 Taschen verteilen, statt eine schwere Tasche zu tragen, die zu einer schiefen Haltung der Wirbelsäule führt. Machen Sie eine Pause, bevor Sie loseilen. In Gegenrichtung zu der Last, die Sie nach unten zieht, denken Sie an die Längung und Aufrichtung Ihrer Wirbelsäule nach oben und lassen Sie Ihren Hals frei. Weiten Sie Ihre Schultern, und lassen Sie die Arme locker hängen, so daß das Gewicht von der

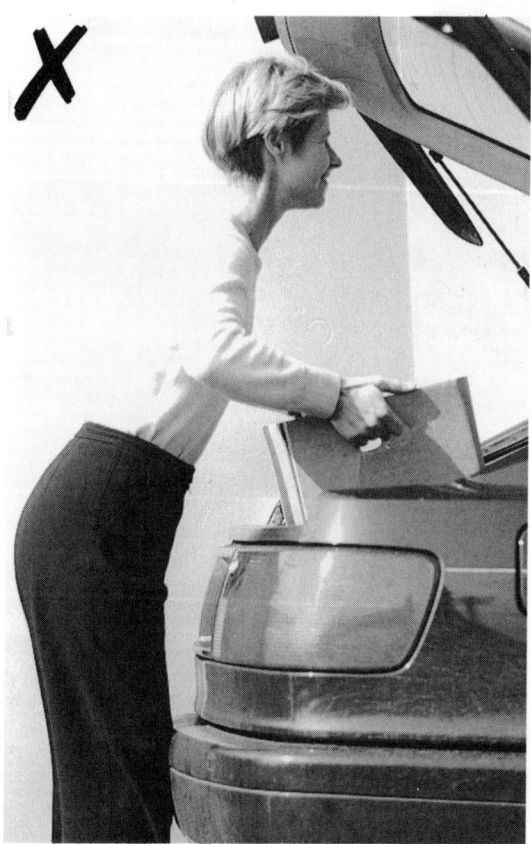

Abb. 181: So machen die Einkäufe Ihren Rücken kaputt!

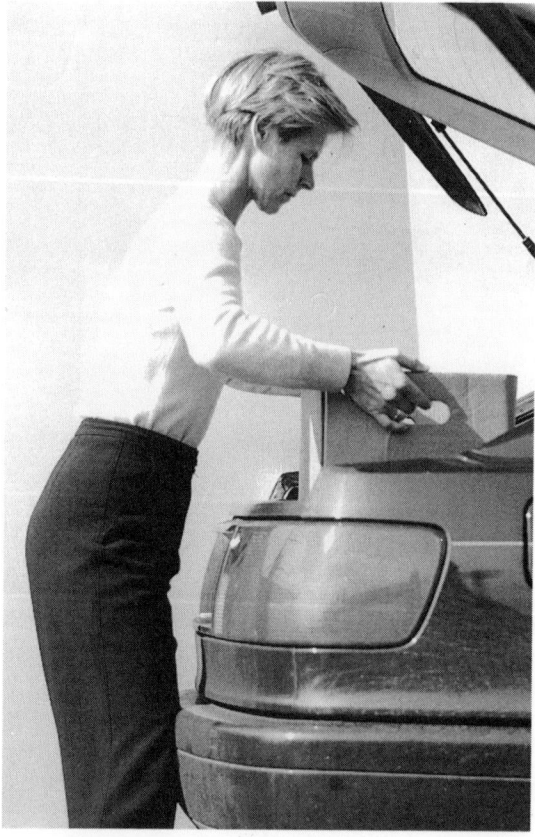

Abb. 182: Machen Sie das Beste aus einem schwierigen Job!

Abb. 183   *Abb. 184*   *Abb. 185*

Rückenmuskulatur mit getragen wird und Sie nicht nach unten zieht.

Das Tragen eines Rucksacks: Die Riemen eines Rucksacks ziehen oft die Schultern nach hinten und lassen ein Hohlkreuz entstehen. Falls der Rucksack einen Beckengurt hat, der um die Taille geht, sollten Sie ihn unbedingt benützen und sorgfältig darauf achten, daß die Schulterriemen genau die passende Länge haben. Wenn Sie gehen, lehnen Sie sich von den Hüften aus ein klein wenig nach vorn, denken an die Weitung des unteren Rückens und die Längung der Wirbelsäule.

Schwangerschaft und Geburt

Über dieses Thema ließe sich viel sagen, aber ich werde mich auf einige grundlegende Punkte beschränken. Ich schulde Ilana Machover, einer Alexander-Lehrerin und Geburtsvorbereiterin, großen Dank für ihre Beobachtungen und Ideen zur Anwendung der Technik bei Schwangerschaft und Geburt.[27]

Die Alexander-Technik kann – wie keine andere Methode – eine bessere Balance zwischen den instinktiven Kräften, die die Wehen und die Geburt vorantreiben, und einer bewußten Kontrolle herstellen. Besonders vom zweiten Schwangerschaftsdrittel an ändert sich die Körpermechanik sehr schnell. Zur Vermeidung von Kreuzschmerzen, die durch das wachsende Gewicht vorne und die Tendenz, den Rücken zum Hohlkreuz durchzubiegen, entstehen, wäre es vorteilhaft, schon sehr früh in der Schwangerschaft (oder besser noch vorher) mit Alexander-Stunden anzufangen. (Auch dauerhafte Rückenschäden, die entstehen, weil die in der Schwangerschaft erworbenen Haltungsgewohnheiten beibehalten werden, lassen sich so vermeiden.) Ein Verständnis, wie der Körper funktioniert, wird Ihnen auch helfen, den Teufelskreis von Schmerz – Verspannung – und dadurch bedingt noch größerem Schmerz – zu unterbrechen, der oft eine natürliche Geburt erschwert.

Die Schwerkraft hilft bei der Geburt, wenn es der Frau möglich ist, eine aktivere Rolle zu übernehmen, als ihr gewöhnlich zugestanden wird. Dies wird oft nicht unterstützt, weil man sich ganz auf die modernen technischen Hilfsmittel verläßt, die bei einer Geburt eingesetzt werden können. Im ersten Stadium der Geburt (Erweiterung des Muttermunds) hilft Stehen, Umhergehen, der tiefe Ausfallschritt während einer Wehe, Knien, sich auf allen Vieren hin- und herwiegen (der Kopf muß die Bewegung führen, so daß sich der Rücken längen und weiten kann) oder auch ein gut ausbalanciertes, nach oben ausgerichtetes Sitzen.

Im zweiten Stadium der Geburt (Entbindung) sollte die Frau während des Ausatmens daran denken, Kiefer und Mund zu entspannen, das hilft auch bei der Entspannung des Beckenbodens. Wer während der Schwangerschaft oder schon vorher gelernt hat, mit Leichtigkeit in die Hocke zu gehen, verfügt damit über eine ausgezeichnete Position für die Geburt; eine andere Möglichkeit wäre der Vierfüßlerstand. Auf dem Rücken zu liegen ist nicht so günstig – diese Position würde auch bei der Defäkation eher hinderlich sein!

Junge Eltern sind besonders anfällig für Rükkenprobleme: Es gibt schlaflose Nächte und viele neue Tätigkeiten, an die man sich gewöhnen muß. Sehr wichtig ist, daß Sie daran denken, Ihre Beine einzusetzen. Die Beine geben Ihnen die flexible Basis, die Sie brauchen, um die Last des Kindes, das sich zudem noch auf unvorhersehbare Weise bewegt, heben und tragen zu können. Damit Sie sich tief genug bücken können – besonders, wenn Sie die Hocke nicht beherrschen –, sollten Sie den etwas abgeänderten Ausfallschritt benützen, wobei Sie die Ferse (aber nur die Ferse) des hinteren Fußes vom Boden abheben. Denken Sie daran, daß die Längung der Wirbelsäule und die Beine die Hauptarbeit beim Anheben übernehmen, lassen Sie die Schultern so locker Sie können, und richten Sie sie zur Seite aus. Dann können Sie auch immer die Balance wahren (*Abb. 183 – 185*). Wenn Sie das Kind hochgehoben haben, halten Sie es nah am Schwerpunkt des Körpers oder benutzen Sie ein Tragetuch, aber setzen Sie das Kind nicht auf Ihre Hüfte, dadurch kommt es zur Schiefstellung des Beckens und der Wirbelsäule.

Gartenarbeit

Gartenarbeit ist sehr anstrengend, besonders für Büroangestellte, die sich an den Wochenenden oft übernehmen. Hier vergißt man leicht über dem »Ziel« die »Mittel wodurch«. Wenn Sie denken: »Ich werde nur noch dieses Beet fertig machen, dann gehe ich ins Haus«, ist es Zeit, innezuhalten und sich zu besinnen. *Wahrscheinlich werden Sie den Schaden, den Sie sich dann selbst zufügen, nicht gleich spüren – Schmerzen treten oft erst nachträglich auf.*

Heute sind viele Hilfsmittel für die Gartenarbeit auf dem Markt, wie langstielige Werkzeuge, Knieschützer und dergleichen, die die Belastung des Körpers bei der Gartenarbeit reduzieren. Arbeiten Sie nie lange in ein und derselben Haltung. Teilen Sie sich die Arbeit gut ein und machen Sie oft Pausen. Sie sollten sich häufiger mit einem Buch unter dem Kopf hinlegen, das wird Ihnen auch helfen wahrzunehmen, wenn Sie dabei sind, sich zu überanstrengen!

Der »Affe« und die Hocke sind bei der Gartenarbeit unersetzlich. Der tiefe Ausfallschritt, bei dem sich die hinten stehende Ferse gegebenenfalls vom Boden abheben kann, ist eine sehr nützliche und flexible Haltung beim Graben. Ein Tip, wenn Sie Erde vom Spaten oder der Gabel abwerfen müssen: Drehen Sie Ihren ganzen Körper von den Hüften aus, und passen Sie dabei die Stellung Ihrer Füße der Bewegung an. Wenn Sie nur das Werkzeug zur Seite drehen, können Sie sich leicht den Rücken verrenken.

10 Atmung und Psychosomatik

Atemmechanismen

Die Atmung wird sehr stark durch unsere Gefühle beeinflußt. Eine ausgeglichene Gemütsverfassung ist normalerweise mit leichtem, gleichmäßigen Atmen verbunden. Manchmal aber kann man feststellen, daß man den Atem anhält oder sehr schnell und flach atmet. Das geschieht, wenn man sich auf eine schwierige Aufgabe »konzentriert«, nervös ist oder Angst hat, und geht mit einer allgemeinen Verspannung des Körpers einher.

Nach Alexanders Erkenntnissen »geschieht« das Atmen mühelos und von allein, sobald wir die richtige Längung und Weitung des Oberkörpers wiedererlangt haben und aufrecht erhalten können. Die alleruntersten, »frei schwebenden« Rippen bekommen dadurch ihre volle Bewegungsfreiheit und ermöglichen die notwendige Ausdehnung des unteren Brustkorbs (ca. 70 Prozent der Lungenkapazität). Beim Einatmen bewegen sich die Rippen nach oben und außen. Es ist nicht nur Kraftverschwendung, wenn man beim Einatmen den ganzen Brustkorb anhebt, das damit verbundene Hohlkreuz und die Verkürzung und Verengung des unteren Rückens wirken sich auch nachteilig auf die Lungenkapazität aus. Atmung in der Ruhestellung sollte mindestens genauso stark durch die Bewegung der Seiten und des hinteren, unteren Brustkorbs stattfinden wie durch Bewegung des vorderen Teils des Brustkorbs.

Alexander kämpfte gegen die schädlichen Auswirkungen der Übungen zur »Tiefenatmung«, die zu seiner Zeit sehr in Mode waren. Auch heute noch werden die verschiedensten Atemübungen gemacht, z.B. im Yoga, bei Entspannungstechniken und in einigen Therapieformen. Alexander aber war der Meinung, daß wir nicht direkt in solch einen natürlichen und spontanen Vorgang eingreifen sollten. Statt dessen sollten wir durch die volle Längung und Weitung des Oberkörpers die Voraussetzungen für ein müheloses und freies Atmen schaffen.

Vielleicht möchten Sie einmal damit experimentieren, was mit Ihrer Atmung geschieht, wenn Sie vorsätzlich das Verhältnis von Kopf, Hals und Rücken stören: Machen Sie ein Hohlkreuz und heben Sie den Brustkorb an (Abb. 186). Stützen Sie nun Ihre Hände seitlich in der Taillengegend in den Rücken. Sie werden etwas von den Atembewegungen an den Seiten des Brustkorbes fühlen, aber fast überhaupt nichts am Rücken. Um das andere Extrem kennenzulernen, können Sie sich mit einem Rundrücken nach vorn zusammensinken lassen. Auch jetzt werden Sie Ihre Atmung kaum im Rücken spüren (Abb. 187). Irgendwo zwischen diesen beiden Extremen sollten Sie in der Lage sein, Atembewegungen an den Seiten *und* im Rücken zu spüren. Je mehr der Rumpf sich längt und weitet, wie ein sich ausdehnender Zylinder, desto mehr können Sie Ihre volle Lungenkapazität nützen (Abb. 188 u. 189).

Das »geflüsterte Ah«

Zunächst hatte Alexander als Ausgangspunkt für seine Untersuchungen nur seine Angewohnheit, beim Sprechen zwischen den einzelnen Sätzen

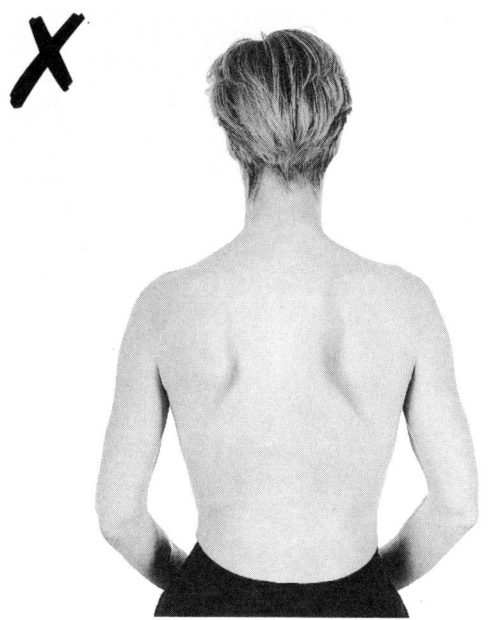

Abb. 186: Eingeschränkte Atmung durch angehobenen Brustkorb und Hohlkreuz.

Einatmung

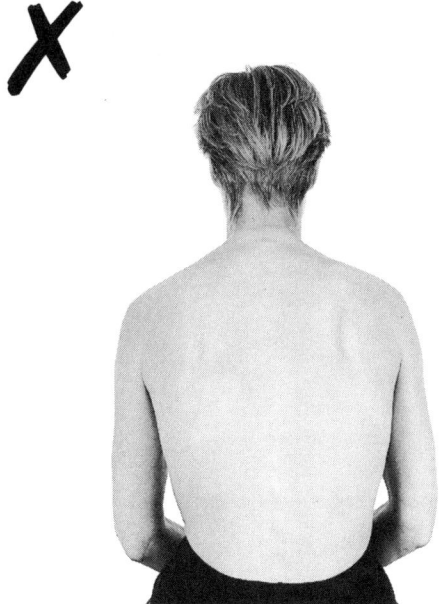

Abb. 187: Eingeschränkte Atmung durch Rundrücken und eingesunkenen Brustkorb.

Ausatmung

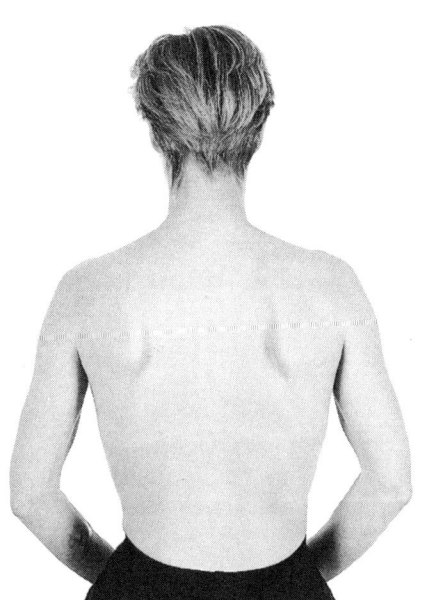
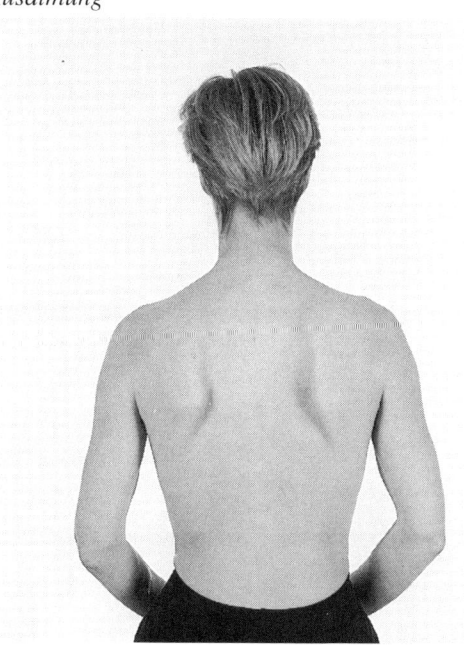

Abb. 188 und 189: Durch die Längung und Weitung des Oberkörpers ist der Brustkorb nach allen Seiten hin frei beweglich und dehnbar und erlaubt freie Atmung.

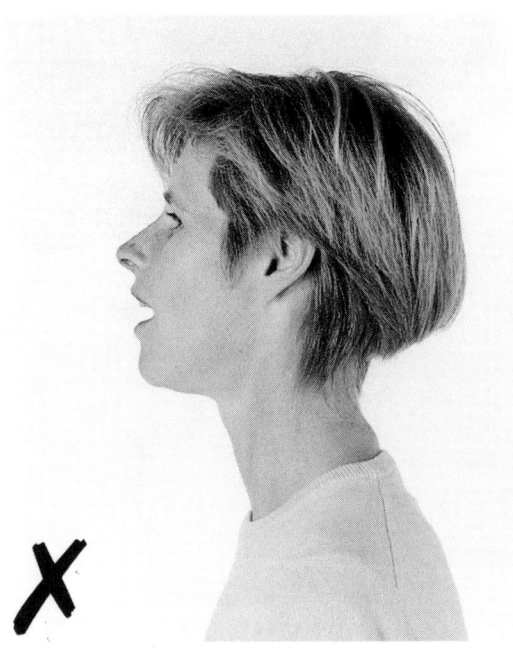

Abb. 190: Geräuschvolles Luftholen während des Sprechens, Anspannung des Kehlkopfes und Zurückziehen des Kopfes.

laut Luft zu holen (*Abb. 190*). Man kann das häufig im Radio oder Fernsehen beobachten, wenn die Mikrophone sehr nah vor den Sprechern stehen. Jedes Atemholen ist deutlich zu hören – wie bei Alexander – und der Kopf wird dabei nach hinten gezogen, der Brustkorb angehoben und der Rücken durchgedrückt. Das Ausatmen wird von den Bewegungen in umgekehrter Richtung begleitet.

Mit fortschreitendem Geschick im Beobachten entdeckte Alexander diesen Mißbrauch seines Körpers nicht nur beim Rezitieren, sondern auch, in geringerem Maße, beim normalen Sprechen. In der Tat, wenn man jemand beim Öffnen des Mundes beobachtet, beim Zähneputzen, Lachen, Husten, Gähnen oder ähnlichem, kann man sehen, wie der Kiefer mit viel Muskelanspannung geöffnet wird. Beobachten Sie sich selbst einmal,

wenn Sie gähnen, und Sie werden mit großer Wahrscheinlichkeit feststellen, daß Sie Ihren Kopf dabei nach hinten ziehen und Ihren Brustkorb anheben.

Deshalb hat Alexander ein Verfahren entwickelt, bei dem man seinem Mund *erlaubt*, sich zu öffnen, und einen geflüsterten Laut hervorzubringen, ohne die üblichen Muskelanspannungen. Dieses sogenannte »geflüsterte Ah« ist eine sehr gute Vorübung für jede Art von stimmlicher Betätigung. Es ist besonders nutzbringend für alle, die öffentlich sprechen müssen und für Menschen, die zum Stottern neigen oder sich bei einem Gespräch leicht verkrampfen (*Abb. 191*). Auch das »geflüsterte Ah« sollte von einem Lehrer eingeführt werden.

Egal, in welcher Phase dieses Vorgangs Sie sich befinden, versuchen Sie nie, ein Weiterkommen zu forcieren, wenn Sie merken, daß Ihr Hals sich versteift und der Kopf nach unten zu den Schultern hin gezogen wird. Halten Sie stattdessen inne und fangen Sie von vorne an. Es handelt sich nicht um eine Übung, bei der wir »zielstrebig« sein sollten, sondern wir sollten uns lieber auf die »Mittel« konzentrieren, durch die wir den geflüsterten Laut hervorbringen. Vergessen Sie die »Inhibition«, das »Nicht-Tun« und die Anweisungen für die verschiedenen Phasen nicht! Versuchen Sie, während des ganzen Vorgangs die volle Länge und Weite des Rückens zu bewahren. Hier nun die vollständige Beschreibung des »geflüsterten Ah«:

1.) Legen Sie die Zungenspitze *locker* gegen den oberen Rand der unteren Schneidezähne. Das ist eine neutrale und entspannte Position für die Zunge. (Einer der ersten Laute, die das Baby macht, ist »ga ga«). Gleichzeitig hilft diese Position, eine forcierte Lautgebung und eine übermäßige Anspannung des Unterkiefers zu vermeiden.

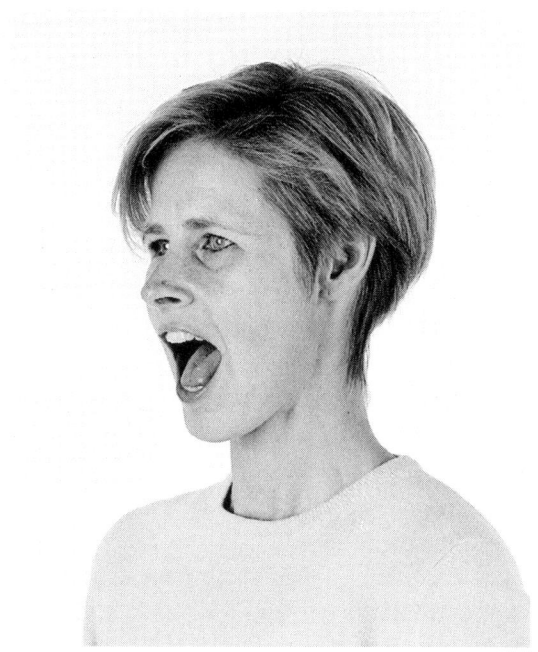

Abb. 191: Das geflüsterte »Ah«.

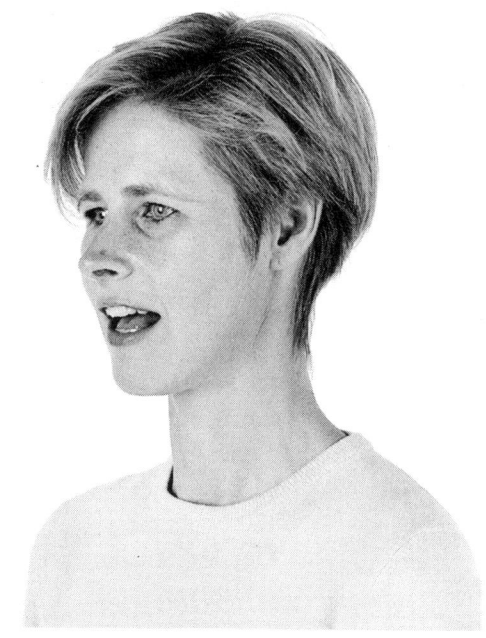

Abb. 192: Das gehauchte »Ah«.

2.) Lächeln Sie ein wenig, so daß die Oberlippe die Zähne freigibt. Am besten gelingt das Lächeln, wenn Sie dabei an etwas Amüsantes denken. (Alexander hat angeblich einmal gesagt, daß Sie, wenn Sie das nicht schaffen, gleich einpacken und nach Hause gehen können.) Durch das Lächeln wird die Anspannung der Gesichtsmuskulatur reduziert.

3.) »Dirigieren« Sie mit der Zunge den Unterkiefer etwas nach vorn, und dann lassen Sie ihn nach unten »fallen«, so daß sich Ihr Mund so locker wie möglich weit öffnet. Wenn Sie sich in einer aufrechten Haltung befinden, hilft Ihnen die Schwerkraft bei dieser Bewegung. (Achten Sie darauf, den Kopf nicht nach hinten und unten zu ziehen.)

4.) Lassen Sie die ganze Luft, die Sie in den Lungen haben, mit einem geflüsterten »Ah« heraus. Hören Sie sich dabei gut zu – der Klang sollte gleichmäßig und voll, nicht gepreßt, dünn oder heiser sein.

5.) Lassen Sie den Mund zufallen und die Luft wieder durch die Nase einströmen.

6.) Wiederholen Sie das Ganze einige Male und versuchen Sie, jedes Mal die Muskeln noch weniger arbeiten zu lassen. Stellen Sie sich darauf ein, innezuhalten und wieder von vorn anzufangen, sollten irgendwelche Schwierigkeiten auftreten.

Sie können eine leise Version des geflüsterten »Ah« in der Öffentlichkeit machen, ohne daß es auffällt. Das ist sehr hilfreich, kurz bevor man öffentlich sprechen muß, egal, ob es sich um eine Rede vor einem großen Publikum oder um ein offizielles Gespräch mit einer einzigen Person handelt. Lächeln Sie ein wenig, lassen Sie die Zunge am Rand der unteren Zähne ruhen,

131

öffnen Sie den Mund nur ein kleines bißchen und hauchen Sie ein fast lautloses »Ah« (*Abb. 192*).

Vielleicht finden Sie das geflüsterte »Ah« zunächst einfacher, wenn Sie sich mit einigen Büchern unter dem Kopf hinlegen. Durch den Bücherstapel werden Sie unnötige Kopfbewegungen bemerken. Diese Haltung hat jedoch den Nachteil, daß die Schwerkraft beim Öffnen des Mundes nicht hilft und die Stimmbänder sich in einer relativ unvorteilhaften Stellung befinden. Man sollte das geflüsterte »Ah« im Sitzen oder Stehen üben. Auch die »Affen-Haltung« eignet sich sehr gut dafür, weil die ausgeprägte Weitung des Rückens die Atmung erleichtert.

Manche haben Probleme mit einer übermäßigen Anspannung der Kiefermuskulatur und knirschen sogar mit den Zähnen, vor allem nachts. Dieses Phänomen tritt oft in Verbindung mit starken Kopfschmerzen, Verspannungen im Nacken- und Schulterbereich und Zahnschäden

auf. Die Alexander-Technik kann in diesen Fällen von großem Nutzen sein, aber man muß auch bedenken, daß die Zähne, falls sie nicht genau aufeinander passen, wenn der Mund geschlossen ist, Reflexe auslösen können, die Zähneknirschen verursachen, und daß Inhibition im Schlaf unmöglich ist![28]

Das »geflüsterte Ah« in der »Affenstellung«

Dafür nimmt man üblicherweise zuerst die Position des »Affen« ein, und legt dann seine Hände auf eine Stuhllehne (*Abb. 193 – 195*). Ein Lehrer sollte Ihnen genau zeigen, wie man dabei vorgeht. Eine andere Möglichkeit wäre, im Stehen – die Füße in Hüft- oder Schulterbreite – eine Hand nach der anderen auf die Stuhllehne zu legen. Die Hände helfen Ihnen dann, den Rücken hinten zu lassen, während Sie an die volle Aufrichtung Ihrer Wirbelsäule denken und Ihre Knie beugen. Danach können Sie Ihre Ellbogen zur Seite und weg von den Hüften und dem unteren

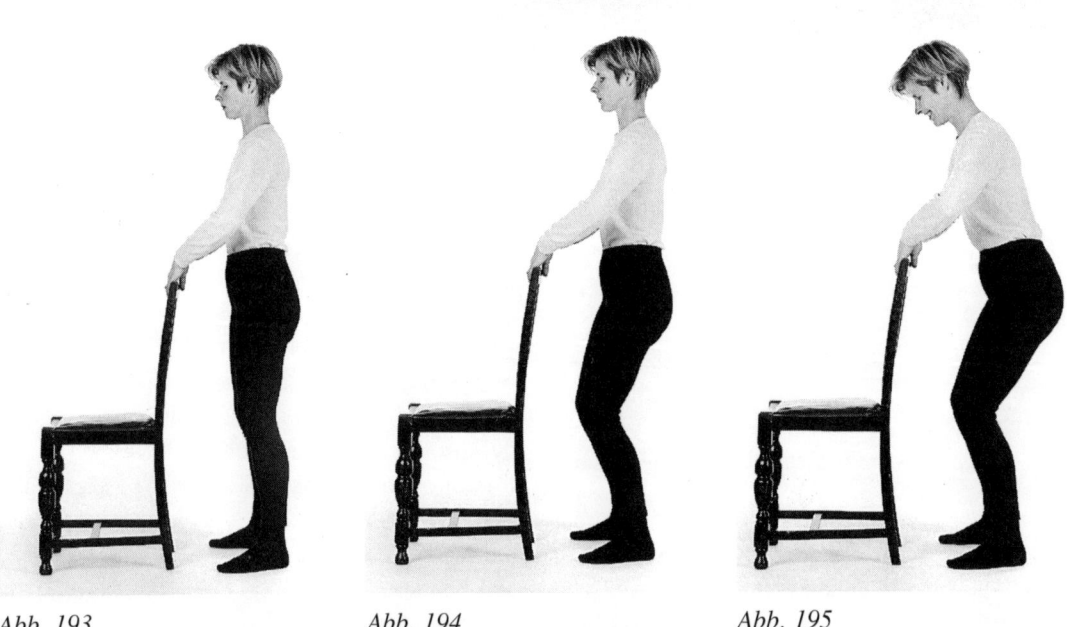

Abb. 193 *Abb. 194* *Abb. 195*

Rücken ausrichten und Ihre Knie voneinander weg und nach vorn bewegen. Dieser Vorgang ist im Grunde eine Mischung aus zwei anderen, nämlich der »Affenstellung« und der Übung mit den Händen auf der Stuhllehne – beide sollte man sich noch einmal gut ins Gedächtnis zurückrufen. Man kann dann einige Male das geflüsterte »Ah« üben, wobei man besonders auf die Längung und Weitung des Oberkörpers achten sollte. So trägt dieser Vorgang zum richtigen Verhältnis von Kopf, Hals und Rücken bei, zur Entspannung des Unterkiefers sowie zur Vermeidung übermäßiger muskulärer Anspannung und Belastung der Gelenke.

Stimmübungen

Vom »geflüsterten Ah« aus können Sie weitergehen und Vokale als Stimmübungen benützen. Sie sollten auch einmal Ihre Stimmlage überprüfen. Männer gebrauchen oft eine zu tiefe Stimmlage, während Frauen leicht zu hoch sprechen. Als Folge kann nach längerem Sprechen eine Überanstrengung der Stimmbänder und Heiserkeit auftreten.[29]

Psychosomatik

Die Natur des Verhältnisses von Geist und Körper war schon immer das Thema endloser Diskussionen in der Philosophie und Theologie. In den letzten Jahren haben die Fortschritte in der Biologie und Psychologie, der Computer-Technik und theoretischen Physik der Diskussion neue Nahrung gegeben. Wie funktioniert eigentlich das Zusammenspiel von unseren Gefühlen und Gedanken und unserem Körper? Und welche Perspektiven gibt uns die Alexander-Technik? Ich vermute, daß für Alexander, wenn er noch am Leben wäre, viele der »New Age«-Auffassungen über den »ganzen Menschen« etwas suspekt wären. Er wandte seinen gesunden Menschenverstand, seine Beobachtungsgabe und die höchste menschliche Fähigkeit, die Vernunft an, um seine eigenen psychophysischen Probleme zu lösen, und er fand eine Methode, die uns bei unseren hilft. Wie der amerikanische Philosoph John Dewey und andere Schüler von Alexander feststellten, gab ihnen die Technik nicht nur Lösungen für ihre körperlichen Probleme, sondern auch eine größere Klarheit und Kontrolle ihres Denkens.

Die Ursprünge der Alexander-Technik begrenzen auch ihr Anwendungsgebiet. Sie werden sich an Alexanders Geschichte und seine Suche nach einem Heilmittel für seine Stimmprobleme erinnern. Sein Ausgangspunkt war herauszufinden, wie er durch sein *Tun* diese Probleme verursachte. Soweit wir wissen, befaßte er sich überhaupt nicht mit der Frage: »Warum habe ich das leidenschaftliche Bedürfnis, zur Bühne zu gehen, ruiniere aber durch meine Überanstrengung meine besten Chancen?« Er suchte Antworten auf die Fragen »Was?« und »Wie«, nicht so sehr auf die Frage »Warum?« – obwohl er in seinen Büchern auch auf die Ursachen des Mißbrauchs seines Körpers eingeht. (Interessanterweise setzte Alexander seine Schauspielkarriere nicht mehr fort, als seine Stimme schließlich wiederhergestellt war und er die Anstrengungen einer Vorstellung gut überstand, sondern er widmete sich ganz der Verbreitung seiner Ideen!) Alexander sondierte nicht in der Tiefe, um eventuelle emotionale Gründe für seine Schwierigkeiten zu finden. Er versuchte die Komponente zu ändern, von der er glaubte, sie unter bewußter Kontrolle zu haben – sein »Tun«. Er kam zu dem Schluß, daß Körper und Geist nicht voneinander zu trennen sind. Der Aspekt des Geistes jedoch, der ihn am meisten interessierte, waren die *Intention* oder der Wille, der die Reaktionen des Muskelapparates auszulösen schien, die teilweise das Funktionieren des Organismus negativ beeinflußten.

Der Körper hat seine Gründe

Die Alexander-Technik geht nicht direkt auf das Gefühlsleben ein. Für viele ist das sicher ein schwerwiegender Nachteil. Der Körper hat seine Gründe, der Mißbrauch des Körpers hat immer auch emotionale Komponenten, einen Sinn, eine persönliche Bedeutung, die dem Betroffenen vielleicht überhaupt nicht bewußt wird. Wenn man den körperlichen Aspekt verändert, ohne das zugrundeliegende psychologische Problem zu behandeln, kann es in einer anderen Form oder auch in seiner ursprünglichen wieder an die Oberfläche treten. Manche Menschen werden deshalb Beratung oder Psychotherapie *und* die Alexander-Technik benötigen.

Seitdem Freud, Groddeck und Reich ihre bahnbrechenden Arbeiten veröffentlichten, haben Therapeuten weiter die Verbindungen zwischen unterdrückten Empfindungen und körperlichen Verspannungen erforscht.[30] Einige glauben, daß sie die Zusammenhänge zwischen bestimmten Körperteilen, Funktionsstörungen dieser Körperteile und emotionalen Schwierigkeiten herausgefunden haben.[31] In einigen Redensarten wie: »mit der Achsel zucken«, »die Zähne zusammen beißen«, »das bereitet mir Bauchschmerzen« oder »jemandem den Buckel herunterrutschen« kommen solche Zusammenhänge auch zum Ausdruck.

Seelische Verfassung und die Muskeln arbeiten sicherlich auf sehr komplexe Weise zusammen: die Stimmung beeinflußt die Muskulatur, und umkehrt beeinflußt der Zustand der Muskeln auch die Stimmung. Zum Beispiel kann jemand, der an einer Depression leidet, weiterhin depressiv bleiben, auch wenn die Umstände, die zur Entstehung der Krankheit führten, sich längst

geändert haben. Hilft man ihm zu einer freieren, gut ausgerichteten Haltung, kann das die Heilung wesentlich beschleunigen. (Man sollte aber auch wissen, daß das Verhältnis von Lehrer zu Schüler genauso wichtig sein kann wie der körperliche Umerziehungsprozeß – ein Teil dieser Wirkung ist dem aus der Medizin bekannten »Placebo-Effekt« zuzuschreiben.)

Auch über die Frage der Motivation sollte man nachdenken: Möchte man wirklich geheilt werden? Das Phänomen des »sekundären Krankheitsgewinns« ist in der Psychotherapie wohlbekannt. Damit ist gemeint, daß es für einen Menschen in einem bestimmten Lebensabschnitt mehr Vorteile haben kann, bestimmte Symptome zu entwickeln und zu behalten – auch wenn es sich um eine lebensbedrohliche Krankheit handelt –, als diese zu überwinden. Hier ein Beispiel dieser extremen psychosomatischen Sichtweise:

> Fragen Sie einen krebskranken Menschen, warum er seinen Krebs braucht, und er wird sagen, daß er ihn nicht braucht, nicht will und nicht mag. Und nach seinem Verständnis ist er natürlich völlig ehrlich. … Wenn derselbe Mensch mit Krebs vor die Wahl gestellt wird, krebskrank zu sein, oder zu überleben, indem er sich mit seinen größten Ängsten auseinandersetzt, dann wird er in vielen Fällen den Krebs vorziehen. … Seine Entscheidung – ganz gleich, wie sie ausfällt – ist in jeder Hinsicht ehrenhaft.[32]

Bei dieser Auffassung scheinen wichtige Faktoren, wie genetische, umweltbedingte und soziale Gründe, ignoriert zu werden, ebenso wie schicksalhafte. Aber es wird die Frage aufgeworfen, ob es nicht nötig und wünschenswert wäre, grundlegende Ängste und andere schmerzliche Gefühle direkt anzugehen. Vielleicht sollte man den seelischen »Mist« aber auch in Ruhe verrotten lassen, auf daß er später die kreative Entwicklung der Persönlichkeit »düngen« kann.

Die Alexander-Technik bietet natürlich keinen Lebenssinn oder kein Lebensziel, wie das vielleicht Religion, Philosophie oder Psychologie tun können. Aber die Technik bietet dem gesunden Menschenverstand einen »Hier und Jetzt«-Zugang zu den alltäglichen Schwierigkeiten, der eine wesentliche Hilfe bei der Bewältigung des Lebens darstellen kann. Jeder Tag bringt mit all den Aufgaben und Anforderungen, die an uns gestellt werden – auch den scheinbar unbedeutenden – eine neue Gelegenheit, an uns selbst zu arbeiten. Wir haben eine gewisse Wahlmöglichkeit, wie wir auf diese Anforderungen reagieren, und unser Verständnis der Inhibition kann zu einem Wendepunkt werden und uns helfen, unser Leben in die richtige Richtung zu bringen.

Viele Formen des Mißbrauchs unseres Körpers sind mit neurotischen Verhaltensweisen verbunden und auch mit einem Mangel an Ordnung im Leben der betreffenden Person. Die Religion hat vielen Menschen geholfen, ihr Leben sinnvoll zu gestalten. Heute haben aber viele das Bedürfnis, sich von den traditionellen Bindungen zu befreien. Eine andere Möglichkeit, mit den neurotisierenden Bedingungen des modernen Lebens umzugehen – die vielleicht denjenigen zusagt, die auch von der Alexander-Technik angesprochen werden –, ist die Methode des japanischen Psychiaters Morito, die im Westen von Reynolds populär gemacht wurde.[33] Die grundlegenden Prinzipien seiner aufs praktische Leben bezogenen Lehre können wie folgt zusammenfaßt werden:

1.) Tun Sie, was getan werden muß. (Nicht mehr und nicht weniger: Unerledigtes führt zu emotionalen Störungen.)

2.) Machen Sie sich genau klar, was Sie zu erreichen suchen. (Die Taten folgen den Absichten).

3.) Akzeptieren Sie Ihre Gefühle. (Man kann wenig tun, um sie *direkt* zu beeinflussen, es sei denn in selbstzerstörerischer Weise durch Drogenmißbrauch o.ä. – aber mit der Zeit kann durch die Befolgung der unter 1.) und 2.) gegebenen Richtlinien eine Änderung erreicht werden.)

Eine gelassene Haltung entwickelt sich mit zunehmender Selbstbeherrschung. Durch die Anwendung der Alexander-Technik werden Sie es wahrscheinlich einfacher finden, mit dem immer schneller werdenden Tempo des modernen Lebens zurechtzukommen und auf eine Ihnen angemessene Weise zu reagieren. So kann sich eine ruhigere, mehr den Überblick wahrende Geisteshaltung entwickeln. Während Sie immer noch die ganze Bandbreite aller Gefühle erleben, werden Sie weniger vom Auf und Ab des Lebens mitgenommen und können besser mit Ihren Kräften haushalten. Im nächsten Kapitel geht es nun darum, wie man die Alexander-Technik anwendet, wenn man mit Selbstvertrauen neue Fertigkeiten erlernen möchte.

11 Das Erlernen neuer Fertigkeiten

Körperübungen sind Unsinn. Wenn man gesund ist, braucht man sie nicht, wenn man krank ist, sollte man sie sowieso lassen!

(Henry Ford zugeschrieben)

Die meisten Menschen lieben Körperübungen. Sie erfordern kein Nachdenken oder innere Kämpfe.[34]

(Patrick Macdonald)

Unsere »Versuche« sind nur eine Betonung dessen, was wir bereits kennen. [35]

(F.M. Alexander)

Wenn etwas beim ersten Versuch nicht gelingt, versuche es nicht noch einmal – jedenfalls nicht auf die gleiche Art. »Versuchen« führt fast immer zu Verkrampfung.[36]

(Patrick Macdonald)

Das Erlernen und Ausüben der einfachsten Tätigkeiten erfordert schon eine außerordentlich komplexe Koordination von Geist, Gehirn und Muskeln. Glücklicherweise brauchen wir unsere Aufmerksamkeit nicht gleichzeitig auf all diese komplexen Vorgänge zu richten, da es uns sonst wie dem Tausendfüßler ergehen würde, der, sobald er anfängt zu überlegen, welcher Fuß zuerst kommt, ins Stolpern gerät. Man kann viel den Handlungsmustern überlassen, die sich dem Gehirn bereits eingeprägt haben.

Es gibt jedoch Zeiten, wo wir, obwohl wir uns die größte Mühe geben, in eine Sackgasse geraten oder uns vergeblich mit dem Erlernen einer neuen Fähigkeit abmühen. Die Alexander-Tech-

nik gibt uns die Sicherheit, über eine konkrete Methode zu verfügen, mit deren Hilfe wir unerwünschte Gewohnheiten ablegen, neue Fähigkeiten erwerben und bereits früher erworbene verbessern können. Wenn wir unseren eigenen Fähigkeiten nicht ganz trauen, können wir durch zielgerichtetes Verhalten lernen, besser mit der jeweiligen Situation umzugehen. Auf diese Weise erhalten wir mehr Information über uns und unsere Umwelt. Es wird uns leichter gelingen, unsere Ziele zu erreichen und so die Selbstachtung und persönliche Erfüllung zu finden, die aus einer größeren Selbstbeherrschung und Selbständigkeit kommen.

Das Ziel und die Mittel

In seinen Büchern und auch im Unterricht hat Alexander oft auf die schädlichen Auswirkungen unseres »Zielstrebens« hingewiesen. Er meint damit die Zwanghaftigkeit, mit der wir versuchen, ein bestimmtes Ziel zu erreichen – ungeachtet der Kosten, die wir durch übermäßige Anspannung, Kraftverschwendung und unzuverlässige Leistungen zahlen müssen.

Alexander kam zu dem Schluß, daß es häufig unsere Ziel*vorstellung* ist, die wir ändern müssen. Wir gehen fälschlicherweise davon aus, daß wir die Art und Weise, in der wir bestimmte Tätigkeiten ausführen, modifizieren können, ohne auch gleichzeitig unsere geistigen »Schablonen« zu ändern. Wir sollten daher nicht nur eine klare Vorstellung des Ziels haben, sondern auch geeignete und effektive Mittel erarbeiten, mit denen wir dieses Ziel erreichen können.

Die psychologische Hemmschwelle, die uns davon abhält, uns zu ändern, besteht aus unserem Bedürfnis, recht zu behalten, auch wenn wir vielleicht gar nicht recht haben! Wenn wir gewillt sind, auch unsere Fehler zu akzeptieren und so herausfinden, was wirklich passiert, können wir verstehen lernen, wie unser Verhalten die Ausführung bestimmter Vorhaben behindert. Nur dann haben wir die Möglichkeit, uns zu verbessern (und weniger Fehler zu machen!).

Voraussetzungen zum Erlernen neuer Fähigkeiten

1.) *Schaffen Sie sich eine klare Vorstellung davon, was Sie erreichen möchten.* Wenn Ihre Zielvorstellung vage ist, werden auch Ihre Handlungen entsprechend vage und unbestimmt sein. In einem solchen Fall gehen Sie nach dem Prinzip von »Versuch-und-Irrtum« vor, ohne dabei eine klare Leitvorstellung zu haben. (Sportler benutzen oft Visualisierungstechniken zur Steigerung ihrer Leistung. Dabei stellen sie sich vor, wie eine perfekte Bewegung aussehen würde, und lassen sich dann in ihrer Koordination von diesem Bild leiten.)[37]

2.) *Entwerfen Sie in Gedanken die geeigneten Mittel, mit denen Sie Ihr Ziel erreichen können.* Teilen Sie die zu erlernende Fertigkeit in einzelne Lernschritte ein. Üben Sie diese Teile jeweils unabhängig voneinander, und integrieren Sie sie dann in immer komplexere Zusammenhänge. Für die meisten von uns ist es wichtig, sich jeweils einen einzigen Aspekt herauszugreifen und an diesem zu arbeiten. Meistens wollen wir zuviel auf einmal erreichen!

3.) *Seien Sie sich über Ihre Absichten im klaren, bevor Sie anfangen zu handeln.* Oberstes Ziel sollte das Aufrechterhalten des korrekten Zusammenspiels von Kopf, Hals und Rücken sein, an zweiter Stelle kommen die für die Ausführung der jeweiligen Aktivität nötigen Anweisungen.

4.) *Führen Sie die Bewegung aus.*

5.) *Beobachten Sie sich.* Halten Sie Ausschau nach einem übermäßigen Spannungszuwachs im Hals und in anderen Teilen Ihres Körpers (wenn Sie niemals Alexander-Stunden gehabt haben, wird Ihnen dies vermutlich schwerfallen), ferner nach Beeinträchtigungen Ihrer Atmung. All dies zeigt an, daß Sie sich überanstrengen. Auch das »Feedback«, das Ihnen ein Spiegel, das Videogerät oder Ihr Lehrer gibt, hilft Ihnen hier weiter.

Körperübungen und ihre Nachteile

Alexander war – wie schon erwähnt – ganz gegen Körperübungen per se, da sie meist nur eine mechanische Wiederholung bestimmter Bewegungen darstellen. Sein Argument war, daß durch die Übungen die vorliegenden Verhältnisse nur verstärkt, aber nicht verändert werden. Denn die unzuverlässige kinästhetische Wahrnehmung – die mit Sicherheit ein wesentlicher Bestandteil der schlechten Koordination ist, die man gern beheben möchte – bleibt weiterhin bestehen. Die meisten Menschen sind sich nicht bewußt, daß sie, sobald sie anfangen sich zu bewegen, ihren Nacken verspannen. Das führt zu unnötigen Muskelanspannungen im ganzen Körper, verstärktem Druck auf die Gelenke, behindert die Atmung und hat indirekt auch auf andere Funktionen des Organismus einen negativen Einfluß.

Neuere physiologische Forschungen haben gezeigt, daß zwei Arten von Muskelfasern in der willkürlichen Muskulatur unterschieden werden können: rote und weiße. Die roten Muskelfasern werden dazu benützt, die Muskelspannung für die Körperhaltung über lange Zeit hinweg aufrecht zu erhalten. Sie werden auch für langsame und rhythmische Tätigkeiten eingesetzt. Zum Beispiel haben Langstreckenläufer einen hohen Prozentsatz von roten Muskelfasern in ihrem Körper. Diese Fasern gehen zu einem Zentrum im Gehirn, das die langsamen Bewegungen steuert. Im Gegensatz dazu sind die weißen Muskelfasern mit dem »schnellen« Bewegungszentrum im Gehirn verbunden. Kurzstreckenläufer haben einen relativ hohen Anteil von weißen Fasern in ihren Muskeln. Die weißen Muskelfasern sind für schnelle, kräftige Bewegungen zuständig, aber sie ermüden schnell.

Es erscheint logisch, in der Freizeit die Muskeln zu trainieren, die während der Arbeitszeit nicht benutzt werden. Jedoch sollte das mit großer Vorsicht geschehen, damit es nicht zu Überanstrengungen oder unharmonischem Körpergebrauch kommt. Es sollte jetzt auch klar sein, warum es für Büroarbeiter und andere Menschen mit vorwiegend sitzender Lebensweise nicht empfehlenswert ist, sich plötzlich in der Sporthalle zu verausgaben oder anderen sehr anstrengenden Sport zu treiben, wie Aerobic oder Squash. Dadurch werden vor allem die weißen Muskelfasern trainiert, die dann die Funktion der roten Fasern (das Aufrechterhalten des Körpers) mit übernehmen. Als Folge davon wird schon nach einer kurzen Zeit des Sitzens am Schreibtisch eine zusammengesackte Körperhaltung auftreten, da die weißen Muskelfasern ermüdet sind.

Es gibt gar nicht teure Formen des Ausgleichssports, die für den Büroarbeiter geeignet sind, z.B. Wandern, Laufen (aber nicht Rennen), Schwimmen oder T'ai Chi. Bei diesen Sportarten gibt es kaum eine Möglichkeit, Schaden zu nehmen, und intelligent ausgeführt können sie von großem Nutzen sein. Vielleicht sind Sie auch an einem neuen Zugang zum Tennisspiel interessiert, den Timothy Gallwey das »innere Tennis«

nennt, und der einige interessante Parallelen zur Alexander-Technik aufweist.[38] (Diese Art, Tennis zu spielen, wurde auch auf das Golfspiel, das Skifahren und die Musik übertragen.)

Das Schwimmen

Das Schwimmen möchte ich etwas detaillierter besprechen, unter Berücksichtigung der Punkte, die für die Anwendung der Alexander-Technik beim Erlernen neuer Fertigkeiten besprochen wurden. Jedoch möchte ich auch etwas zur Vorsicht mahnen, das Schwimmen ist durchaus nicht die natürlichste Bewegungsart für uns, wenn das so wäre, hätten wir Schwimmhäute an Händen und Füßen. Nicht richtig gemacht, besteht die Gefahr einer Überentwicklung der Rückenmuskulatur, die keine weitere Stärkung braucht. Wenn man aber das Brustschwimmen gut beherrscht und es mit Rückenschwimmen abwechselt, hat man einen hervorragenden Ausgleichssport, der zudem Spaß macht. Gut schwimmen zu können kann unter Umständen auch lebensrettend sein; und diese Sportart ist in jedem Alter möglich, auch für Menschen mit Gelenkproblemen.

Im Schwimmbad gehörte ich immer zu den eher zurückhaltenden Leuten. Ich zog den Kopf zurück und aus dem Wasser heraus (als ob es mir hauptsächlich darum gegangen wäre, meine Haare trocken zu halten) und bewegte mich als Brustschwimmer mit großen, anstrengenden Armbewegungen vorwärts. Später, nachdem ich meine Ausbildung als Alexander-Lehrer abgeschlossen hatte, dachte ich mir, daß es schön wäre, das Schwimmen auf eine neue, entspanntere Art zu lernen. Jetzt kann ich – mehr oder weniger zu meiner Zufriedenheit – auch kraulen, sowohl in Rücken-, als auch in Bauchlage.

Wie beim Erlernen jeder Tätigkeit kann man

Schwierigkeiten bekommen, wenn man versucht, den Rat der »Experten« den eigenen Bedürfnissen anzupassen. Ich möchte im folgenden meine Einsichten wiedergeben, die mir während des Schwimmenlernens halfen, und die auch auf andere Gebiete angewendet werden können.

Erste Schritte

Beginnen Sie damit, daß Sie sich eine klare Vorstellung von dem Schwimmstil verschaffen, den Sie lernen möchten (das »Ziel«). Andere zu beobachten kann Ihnen dabei helfen. Sie können sehen, was notwendig und (noch wichtiger) was überflüssig ist. Dieses Vorgehen half mir sehr, als ich das Kraulen lernte. Ganz richtig verstand ich die Armbewegungen aber erst, als ich Unterwasseraufnahmen eines berühmten Schwimmers sah, die in Zeitlupe wiedergegeben wurden, denn die nach vorne ausgreifende Bewegung und die Zurücknahme des gebeugtem Armes unter dem Körper kann man von oben aus schlecht sehen. Leider sind die Schwimmlehrer nur in den seltensten Fällen bereit, ins Wasser zu springen, um etwas richtig zu demonstrieren.

Wenn Sie sich eine klare Zielvorstellung verschafft haben, besteht der nächste Schritt darin, sich Wege zu überlegen, wie Sie Ihr Ziel am besten erreichen können (die »Mittel wodurch«). Die wichtigste Erkenntnis für mich war jedoch, daß ich, obwohl ich als Kind Schwimmunterricht gehabt hatte – durch den ich gelernt hatte, mich durch das Wasser zu »kämpfen« –, im Grunde immer noch Angst hatte zu ertrinken! Durch die Erregung der Angstreflexe entsteht eine Form der »Schreckreaktion«, wobei der Hals sich versteift und die ganze Koordination und das Atemholen beeinträchtigt werden. Durch mein verbessertes Wahrnehmungsvermögen unerwünschter Spannungen in meinem Körper fiel es mir auf, daß ich mich nicht so vom Wasser tragen ließ, wie es hätte sein sollen – und je salziger das Wasser ist, desto besser trägt es.

Sich gleiten lassen

Die Primärkontrolle ist von besonderer Wichtigkeit für jede Bewegung. Beim Schwimmen beeinflußt die Position des Kopfes die Haltung des ganzen Körpers im Wasser. Wenn der Kopf beim Brustschwimmen zurückgezogen wird, liegt der ganze Körper tiefer im Wasser, und somit ist auch der Wasserwiderstand erheblich größer – ganz abgesehen von den anderen, oben schon erwähnten Nachteilen für die Koordination und die Atmung.

Im Schwimmbecken sollten Sie sich sanft vom Rand abstoßen, die Arme nach vorne ausgestreckt, so daß Sie ein wenig auf der Oberfläche des Wasser dahingleiten können. Wenn Sie den Kopf ganz auf dem Wasser ruhen lassen, werden Sie merken, daß nur noch sehr wenig Spannung in der Nackenmuskulatur vorhanden ist und die Augen mehr oder weniger genau nach unten auf den Beckenboden blicken (*Abb. 196*). Diese Entspannungshaltung für Kopf, Hals und Rücken – aus der heraus die spezifischen Arm- und Beinbewegungen für das Brustschwimmen und das Kraulen entwickelt werden – ist die grundlegende Übung im »Nicht-Tun«, die Ihnen helfen wird, übermäßige Anspannung unter Kontrolle zu bringen, während Sie die verschiedenen Bestandteile des jeweiligen Schwimmstils üben.

Nun gibt es ein Problem beim Schwimmen, das gelöst werden muß – nämlich das Gesicht im Wasser zu haben und die Notwendigkeit, Atem zu holen! Zur Lösung dieses Problems kann die Anschaffung einer Schwimmbrille beitragen – es sei denn, Sie können Ihre Augen auch unge-

Abb. 196: Das entspannte Gleitenlassen: Vorbedingung für das Brustschwimmen.

schützt ohne Schwierigkeiten im Wasser öffnen. Mit der Brille müssen Sie Ihre Augen nicht mehr zusammenkneifen, was schon allein zu Verspannungen in anderen Teilen des Körpers führen kann. Auch können Sie jetzt besser sehen, wohin Sie schwimmen, so daß es weniger Gründe gibt, im Wasser Angst zu haben.

Holen Sie Atem, stoßen Sie sich vom Rand des Beckens ab, und während der Kopf auf der Wasseroberfläche ruht und Sie nach unten sehen, atmen Sie aus und blasen Luftbläschen zum Boden des Beckens. Ich glaube, daß es notwendig ist, mit diesem Gleiten ganz vertraut zu sein, bevor man im Erlernen des Brustschwimmens weitergeht. Danach arbeiten Sie an einem weiteren Bestandteil des Schwimmstils, jeweils nur an einer neuen Sache auf einmal.

Die Armbewegung beim Brustschwimmen

Für den nächsten Schritt zum Erlernen des Brustschwimmens – das Atemholen – ist die korrekte Armbewegung unerläßlich, da sich durch sie der Kopf aus dem Wasser hebt, so daß ohne Schwierigkeiten Luft geholt werden kann. Die Arme sollten jedoch nicht sehr weit zur Seite ausholen – das ist eine sehr ineffektive Bewegung.

Denken Sie daran, daß die korrekte Reihenfolge für das Brustschwimmen »Abstoßen – Gleitenlassen – Armzug« heißt. Stoßen Sie sich mit ausgestreckten Armen von der Seite ab, drehen Sie die Handflächen nach außen und unten, die Handgelenke sind beweglich, und dann führen Sie eine Bewegung aus, als wollten Sie sich nach oben auf eine Mauer stemmen, was Sie nach vorne und etwas aus dem Wasser heraus bringt (*Abb. 197*). (Bringen Sie die Arme für den nächsten Zug mit einer Bewegung wieder nach vorne, als ob Sie in die Hände klatschen wollten.)

Daß Sie es richtig machen, werden Sie daran bemerken können, daß das Wasser, das während des Gleitens Ihren Kopf fast bedeckt, Ihnen nur noch bis zum Kinn geht, während Sie sich nach vorne und oben bewegen. Jetzt wird auch deutlich, daß es *überhaupt* nicht notwendig ist, den Kopf nach hinten zu ziehen. Die Spannung der Nackenmuskulatur wird sich jedoch etwas erhöhen, weil der Kopf bei dieser Bewegung weniger vom Wasser unterstützt wird. Falls Sie daran gewöhnt waren, den Kopf aus dem Wasser zu halten, wird es sehr schwer sein, der Versuchung zu widerstehen, den Kopf noch weiter nach hinten zu ziehen, wenn Sie Atem holen müssen. Hier ist Inhibition notwendig. Wiederholen Sie

Abb. 197: Eine korrekte Armbewegung beim Brustschwimmen erleichtert die Atmung.

den Vorgang, und erinnern Sie sich daran, daß es in diesem Anfangsstadium noch nicht darauf ankommt, während der Armbewegung auch Atem zu holen.

Versuchen Sie, mit so wenig Muskelarbeit auszukommen wie möglich. Üben Sie zwei oder drei Züge auf einen Atemzug, und atmen Sie während des Schwimmens stetig aus, dann halten Sie an, holen Luft und wiederholen das Ganze.

Der nächste Schritt besteht darin, daß Sie Ihren Unterkiefer fallen lassen und den Mund öffnen, während Sie sich durch den Armzug aus dem Wasser heben und die Wasseroberfläche etwas unterhalb Ihres Kinns ist. Versuchen Sie, eine gleichmäßige Bewegung zu entwickeln, so daß kein Wasser in den Mund gerät – *aber ohne den Kopf zurückzuziehen!* (Oft ist es schon zur Gewohnheit geworden, den Kopf beim Atemholen nach hinten zu ziehen – auch unter ganz normalen Umständen!)

Mir gelang es auf diese Weise, meine alte Angewohnheit, den Kopf beim Luftholen zurückzunehmen, nach und nach abzulegen. Nach einiger Zeit konnte ich ohne jede Beeinträchtigung des Verhältnisses von Kopf, Hals und Rücken Atem schöpfen. Wenn ich wieder in die alte Gewohnheit zurückfiel, ging ich, statt an einem neuen Aspekt des Schwimmzugs weiterzumachen, wieder auf das alte, schon geübte Pensum zurück. Nachdem ich mit dieser »Vorwärts-und-Zurück«-Methode eine Weile das Schwimmen geübt hatte, fragten mich Freunde, die nicht wußten, was ich eigentlich machte: »Nun, du mußt ja wirklich fit sein. Wieviel Bahnen kannst Du denn jetzt schwimmen?«

Für einen effektiven Beinschlag sollten Sie die Beine so beugen, daß die Füße zum Gesäß kommen, und dann die Beine strecken, indem Sie die Füße nach außen und zurück stoßen. Wenn Sie die Beine so anziehen, daß die Knie zum Bauch kommen, ist der Wasserwiderstand, den die Oberschenkel verursachen, sehr hoch. Genauso sollten Sie vermeiden, während des Beinschlages Ihren Rücken zu krümmen, auch wenn dadurch etwas Kraft verloren geht.

Das Kraulen

Vermeiden Sie jede Tendenz, den Kopf nach hinten zu ziehen, wenn Sie ihn beim Kraulen zur Seite drehen, denn dadurch wird nicht nur die Koordination erschwert, sondern auch eine instabile Lage des Körpers im Wasser erzeugt. Auch bei diesem Schwimmstil sollten Sie das

Atemholen erst nach und nach einführen. Üben Sie, den Kopf im Wasser auf die Seite zu drehen, während der Arm auf der anderen Körperseite zum Zug ansetzt. Richten Sie Ihren Blick auf Gegenstände an der Seite des Beckens, die Ihrem Kopf direkt gegenüber sind, so daß Sie sofort bemerken können, wenn Sie Ihren Kopf zurückziehen. Drehen Sie Ihren Kopf genügend weit herum, so daß der Mund über die Wasseroberfläche gehoben wird. Dann lassen Sie Ihren Kopf in die Mitte zurückrollen und blicken auf den Beckenboden. Wie beim Brustschwimmen sollten Sie auch hier oft genug üben, den Mund zu öffnen, ohne daß Wasser hineingerät, *bevor Sie versuchen, Atem zu holen.* Seien Sie immer bereit, zu einem Stadium zurückzukehren, das Sie schon beherrschen, falls Schwierigkeiten auftreten. Üben Sie erst das Atemholen auf einer Seite, und wenn Sie das können, auf der anderen Seite. Schließlich sollte es Ihnen möglich sein, abwechselnd auf der einen und auf der anderen Seite bei jedem dritten Zug Luft zu holen.

Rückenschwimmen

Es ist sehr vorteilhaft, wenn Sie auch eine Art des Rückenschwimmens erlernen, so daß Sie das Brustschwimmen mit Rückenschwimmen ergänzen können. Auf diese Weise vermeiden Sie eine einseitige Entwicklung der Rückenmuskulatur. Viele ältere Menschen und jene, die einmal eine Schulterverletzung hatten, finden wegen der Steifheit ihrer Schultergelenke die Armbewegung beim »klassischen« Rückenschwimmen recht schwierig. Es gibt aber andere Möglichkeiten. Man kann z.B. mit den Armen nur eine kleine Ruderbewegung machen, oder aber man streckt die Arme nicht gerade nach oben, sondern etwas mehr zur Seite. Besonders wenn die Schultergelenke steif sind, glauben wir oft (durch unsere unzuverlässige Sinneswahrnehmung!),

daß wir die Arme gerade ins Wasser eintauchen, dabei haben wir sie gebeugt, und der Ellbogen taucht zuerst ins Wasser ein. (Die Arme sollten in etwa gestreckt sein, damit keine Kraft verloren geht.) Am besten taucht man die Arme bei ungefähr »2 Uhr« und »10 Uhr« ins Wasser, und zwar mit dem kleinen Finger zuerst. Wahrscheinlich werden Sie beim Üben ab und zu den Kopf drehen müssen, damit Sie sehen können, ob Sie das, was Sie glauben, daß Sie es tun, auch wirklich machen. Oder bitten Sie jemand, der Sie vom Beckenrand aus beobachtet, Ihnen zu sagen, ob Ihre Arme gerade sind (aber nicht steif!) und in welcher Position sie ins Wasser tauchen.

T'ai Chi

Wenn es eine Art von körperlicher Bewegung gibt, die wirklich einen guten Gebrauch des Körpers fördert, dann ist es T'ai Chi. Es war ursprünglich eine Kampfsportart – die sanfteste aller Kampfsportarten. Heute benützt man es hauptsächlich als eine Form der idealen Körperkoordination, die für Menschen aller Altersstufen geeignet ist.

Es gibt faszinierende Parallelen zwischen der Alexander-Technik und dem T'ai Chi. Die Mittel sind unterschiedlich, aber man versucht, eine ähnliche Qualität der Bewegung zu erreichen. Eine meiner Schülerinnen beschrieb T'ai Chi als den reinen Ausdruck der Alexander-Technik in der Bewegung, und ich glaube, sie hat recht.

In den klassischen T'ai Chi-Texten kommen folgende Beschreibungen der erstrebten Körperhaltung vor: »Wenn der Kopf so gehalten wird, als wäre er von oben an einer Schnur aufgehängt, dann wird sich der Körper leicht und gewandt anfühlen.« – »Senke deinen Brustkorb, und hebe deinen Rücken.« – »Lockere die Taille.«

Wenn dies keine Hinweise auf die Bedeutung der Primärkontrolle sind! »Dirigiere die Bewegung durch deinen Willen.« Ist das nicht genau wie das Denken von Alexanders Anweisungen? Auch das Konzept von *wu-wei* im Taoismus gleicht dem »Nicht-Tun« in der Alexander-Technik (*Abb. 198 u. 199*).

Die Sprache ist poetisch, und es werden Vergleiche aus der Natur herangezogen. »Dein Körper sollte so empfindsam und beweglich sein, daß keine Feder auf ihn fallen kann, ohne daß er es spürt, und keine Fliege auf ihm landen kann, ohne ihn in Bewegung zu setzen.« Was im T'ai Chi nicht ausdrücklich erwähnt wird, ist die Unzuverlässigkeit des kinästhetischen Sinnes und die Nachteile, die dadurch bei der häufigen Wiederholung bestimmter Bewegungen entstehen können. Auch fehlt das Konzept der Inhibition und ein genaues Verständnis der Primärkontrolle, das die Alexander-Technik – richtig unterrichtet – vermittelt. In T'ai Chi-Kursen kann man sehen, wie Bewegungen mit einer schlechten Körperhaltung viele Male wiederholt werden. Der Unterricht könnte viel effektiver gestaltet

Abb. 198: Der Gebrauch des Ausfallschrittes im T'ai Chi.

Abb. 199: Auch der »Affe« wird im T'ai Chi eingesetzt.

werden, wenn die Alexander-Prinzipien auf die verschiedenen Bewegungsfolgen, die T'ai Chi-Form, angewendet würden. Gleichzeitig bietet uns diese Form aber eine gute Gelegenheit, unser Verständnis einer wohlkoordinierten Bewegung zu entwickeln und zu testen. Für die Alexander-Schüler kann T'ai Chi eine Art Experimentierfeld abgeben, wo der gute Gebrauch des Körpers im täglichen Leben geübt werden kann. Besonders für diejenigen von uns, die sich während vieler Jahre an ein sehr »kopflastiges« Bücken gewöhnt haben, kann ein guter T'ai Chi-Unterricht viel dazu beitragen, den geschmeidigen und kraftvollen Einsatz der Beine, den wir als Kinder besaßen, wiederzuerlangen.

Das Vorbereiten und Vorspielen von Musikstücken

Die Alexander-Technik hilft bei der Bewältigung von Rückenproblemen und Überlastungsschäden, die sich Musiker oft zuziehen. Sie kann auch eine wichtige Hilfe bei der geistigen Vorbereitung auf das Spielen und Vorspielen eines Musikstücks sein. Nelly Ben-Or, Klavierprofessorin an der Guildhall School of Music and Drama in London, beschreibt, wie die Anwendung der Technik schon bei der Vorbereitung zu Übersicht und Klarheit beiträgt.[39] Sie betont die Notwendigkeit, die Noten studiert und verstanden zu haben (genau wie ein Dirigent die Partitur studiert), *bevor* man sich ans Instrument setzt. Wenn dem Spieler die Musik im Kopf ganz klar ist, dann können auch seine Muskeln entsprechend reagieren. Sie erklärt, wie eine Passage, die als sehr schwer gilt (vielleicht, weil sie besonders schnell ist oder besonders laut gespielt werden muß), oft nur deshalb schwierig wird, weil durch das Vorurteil »schwer« eine geistige Hemmschwelle erzeugt wird und der Musiker dann versucht, eine intelligente Vorbereitung auf diese Stelle durch besondere Muskelanspannung (bzw. Mißbrauch seines Körpers) zu ersetzen.

Abb. 200: Artur Rubinstein (1887-1982). Perfekte Haltung während des Spielens. (Photo: Rex Features)

144

Das Üben garantiert die Perfektion nicht. Im Gegenteil, man kann gerade die Fehler einüben, die man besser vermeiden sollte. Man sagt, daß der Pianist Artur Rubinstein nie länger als zwei Stunden übte – und in diesen zwei Stunden erreichte er mehr als andere in sieben oder acht Stunden. Auch soll er, bevor er auf die Bühne gehen mußte, oft absichtlich etwas falsch gespielt haben, z.B. eine Tonleiter in C-Dur mit einer Hand und eine in C-Moll mit der anderen. Zu seiner Rechtfertigung meinte er, daß er im Konzert unmöglich so schlecht spielen könnte! Wie Alexander sagte: Zu wissen, wann wir falsch liegen, ist alles, was wir in dieser Welt wissen werden.

Nachwort

Das Ziel dieses Buches war, Ihnen beim Verständnis von Art und Ursprung der verschiedenen schädlichen Verhaltensmuster, die das Funktionieren unseres Organismus beeinträchtigen, zu helfen. Es ist wichtig, den Änderungsprozeß, den man durchmachen muß, richtig zu verstehen. Andere Therapieformen und Sportarten, von denen man sich eine Verbesserung der Gesundheit verspricht, führen oft nur zu einer anderen Art, den Körper schlecht zu gebrauchen. Hier gibt Ihnen die Alexander-Technik einen ganzheitlichen Zugang, der Geist und Körper auf ganz präzise Weise miteinander verbindet. Je besser Sie die Technik verstehen, desto mehr werden Sie erkennen, daß Sie es nicht so sehr mit einer »Körper-Kultur« zu tun haben, als vielmehr mit einem geistigen Prozeß, der Sie dazu bringt, sich über Ihre Absichten ganz klar zu werden. Hand in Hand damit wird sich auch die Koordination Ihres Körpers verbessern.

Alexander sagte, daß jeder, der genau das tut, was er getan hat, keinen Lehrer braucht. Jedoch sind wohl die meisten von uns nicht bereit, Alexander bei dieser enormen geistigen Leistung zu folgen. Glücklicherweise ist das auch nicht nötig, zumindest nicht in diesem Umfang, denn Alexander und die Lehrer, die er ausgebildet hat, können uns in relativ kurzer Zeit beibringen, was er sich selbst in Jahren erarbeitet hat.

Was kann ich nach der Lektüre dieses Buches tun?

Einiges können Sie sofort tun, z.B. Zeit für das Hinlegen in Ihren Tageslauf einplanen und ergonomische Verbesserungen einführen. Vielleicht möchten Sie auch noch mehr über die Technik lesen, Vorschläge dazu finden Sie am Ende dieses Buches. Ich empfehle Ihnen besonders das erste Kapitel von Alexanders Buch *Der Gebrauch des Selbst*, in dem er die Entwicklung der Technik beschreibt.

Sie werden einen Lehrer brauchen – und vielleicht auch in einem anderen Stadium einen Lehrerwechsel –, damit Sie einen guten Start haben und auf den richtigen Weg geschickt werden. Die eigentliche Arbeit aber muß jeder selbst leisten. Patrick Macdonald erinnerte sich, wie ihm, als er ein Junge war, sein Boxlehrer eines Tages sagte: »Ich kann dir beibringen, was du machen mußt, aber ich kann es dich nicht lernen, lernen mußt du es selbst!«

Gleichzeitig müssen wir aber verstehen, daß wir, auch wenn wir von einem Lehrer angeleitet werden, immer noch eine sehr große Tendenz haben, »zielstrebig« zu sein. Wie gerne möchten wir alles auf einmal verändern: Oder aber wir räumen anderen Aspekten unseres Lebens größere Priorität ein, und die Wichtigkeit der Primärkontrolle wird in der Hektik des Alltags leicht vergessen!

Die Wahl eines Lehrers

Es gibt immer mehr Lehrer, die die vorgeschriebene, dreijährige Ausbildungszeit abgeschlossen haben. Die Fachverbände (siehe Adressen), die diese Ausbildung in verschiedenen Ländern überwachen, verschicken auf Anfrage eine Adressenliste der Mitglieder. Wie in allen anderen Berufen, ist die Qualität der ausgebildeten Lehrer unterschiedlich. Es ist natürlich auch eine Sache der Persönlichkeit, ob man mit einem Lehrer gut zurechtkommt. Je nachdem, wie man sich weiter entwickelt, kann sich das Verhältnis auch ändern.

Ich rate allen, die einen Lehrer suchen, sich hauptsächlich auf persönlichen Empfehlunge zu verlassen. Manchmal ist es auch hilfreich, zwei oder drei Einführungsstunden bei verschiedenen Lehrern zu nehmen (falls Ihnen das überhaupt möglich ist) und sich erst dann auf einen bestimmten Lehrer festzulegen.

Die Häufigkeit der Stunden

Alexander gab seinen neuen Schülern in den ersten Wochen oft täglich Unterricht. Er hatte großes Geschick im Unterrichten und konnte in relativ kurzer Zeit – auch bei schweren Behinderungen – erstaunliche Veränderungen erreichen. Nach meiner Erfahrung reichen am Anfang zwei Unterrichtsstunden pro Woche. Für manche Menschen ist auch eine Stunde ausreichend, andere sollten lieber drei Stunden pro Woche nehmen, damit man auch bei chronischen Gesundheitsstörungen eine durchgreifende Veränderung erreichen kann. Ihr Lehrer wird Ihnen sagen können, wieviel Stunden für Sie empfehlenswert sind. Manchmal ist es besser, mit dem Beginn des Unterrichts zu warten, bis man wirklich Zeit hat, so oft zu kommen, wie es nötig ist, damit die ganze Sache sich lohnt.

Meistens braucht man den Unterricht zwei bis drei Monate lang, bis man eine solide Grundlage für weitere Arbeit an sich selbst erreicht hat. In vielen Fällen tritt aber eine Besserung bestimmter Beschwerden schon in wenigen Wochen ein.

Was passiert in einer Stunde?

Im Unterricht wird der Lehrer Ihnen durch seine geschulten Hände einen besseren Gebrauch Ihres Körpers vermitteln. Das sollte direkt mit dem »Denken in der Aktivität« verbunden werden – Inhibition, »Nicht-Tun« und Anweisungen geben –, woraus Ihr Beitrag zur Arbeit in der Stunde besteht. Dieses »Denken in der Aktivität« sollte mit der Zeit den Impuls, den die Hände des Lehrers Ihnen geben, ersetzen können, wenn Sie allein sind.

Der Unterricht (der normalerweise 30 bis 45 Minuten dauert), wird wahrscheinlich Arbeit am Stuhl und auf dem Tisch – d.h. in der beschriebenen Entspannungslage – beinhalten. Den Rest der Zeit werden Sie vielleicht den Schwierigkeiten widmen, die Sie gerade mit der Anwendung der Technik bei einer bestimmten Tätigkeit haben.

Dank

Für die Durchsicht des Manuskripts danke ich Marjory Barlow, Misha Magidow, John Naylor, Shelley Stokes und Mervyn Waldman sehr. Ihre Kommentare und Ratschläge haben viel zur Klärung meiner Gedanken und zur übersichtlichen Gestaltung und Darstellung des Materials in diesem Buch beigetragen. Nichtsdestoweniger übernehme ich die volle Verantwortung für den Inhalt. Weiter danke ich Sue Lloyd für ihre Hilfe, den Text stilistisch zu verbessern, und Jane Asher für ihre Kommentare zum Abschnitt über das Schwimmen.

Ich hatte das große Glück, Dorothea Magonet als Modell zu haben, sie hat mit Geschick und Geduld die verschiedenen Arten vorgeführt, den Körper zu gebrauchen; genauso möchte ich den Mitarbeitern der Peter Reynolds Studios in Northampton danken, die mir mit ihrer technischen Erfahrung zur Verfügung standen.

Ohne den Unterricht und die Inspiration von Patrick Macdonald und Misha Magidow zu Anfang hätte ich wahrscheinlich schon vor langer Zeit aufgehört, Fragen zu stellen. Inzwischen haben auch meine eigenen Schüler mich auf immer weitere, interessante Fragestellungen gebracht.

Ich danke Rahula Books und Patrick Macdonald für die Erlaubnis, Zitate aus *The Alexander Technique: As I see it* zu verwenden.

Schließlich gebührt der nicht geringste Dank meiner Familie, insbesondere Angela, die mir während vieler Überarbeitungen des Manuskripts mit Rat und Ermutigung zur Seite stand.

Anmerkungen

1 F.M. Alexander: *Conscious Control of the Individual.* Centerline Press, Long Beach, California, 1985, S. XII.

2 Sie finden mehr über diese Untersuchungen von Dr. Wilfred Barlow in seinen Büchern *Die Alexander-Technik.* Kösel-Verlag, München 1983, und Barlow (Hrsg.): *More talk of Alexander.* London, 1978.

3 Alexander gibt einige praktische Ratschläge für das Stehen, Gehen, Hinsetzen und Aufstehen in *Man's Supreme Inheritance.* (Chaterson, London, 1946); ferner über das Pflügen (!) ebd., S. 143-145) und Golf (ebd. S. 127-128 und 133-136). Außerdem gibt es noch das Kapitel »Der Golfspieler, der seine Augen nicht auf den Ball gerichtet halten kann« in: *Der Gebrauch des Selbst* (Kösel-Verlag, München, 1988).

4 J.F. Goldthwaite: *Body Mechanics.* Lippincott, 1952.

5 vgl. M. Feldenkrais: *Bewußtheit durch Bewegung.* Suhrkamp, Frankfurt a.M.; Feldenkrais hat Ideen von Alexander übernommen und weiterentwickelt.

6 N. Tinbergen: *Ethology and Stress Diseases,* in: *Science 185:* 4145 (1974), S. 22-27. (Auch abgedruckt in W. Barlow (Hrsg.): *More talk of Alexander*).
Während einer Vorlesung, die David Garlick 1988 auf dem Internationalen Kongreß für Alexander-Lehrer hielt, erwähnte er, wie er durch die Lektüre von Tinbergens Rede anläßlich der Verleihung des Nobelpreises dazu angeregt wurde, sich mit der Alexander-Technik zu beschäftigen. Als Garlick einige Jahre später Tinbergen in Oxford besuchte, war er sehr überrascht, als sich herausstellte, daß er der *erste Wissenschaftler* war, der sich an dieser Rede über Alexander interessiert zeigte! (Man könnte noch viel darüber schreiben, daß sich Alexanders Arbeit nicht genau einem wissenschaftlichen Fachgebiet zuordnen läßt, auch über die Tatsache, daß ein großer Teil der wissenschaftlichen Forschung in vorhersehbare Richtungen geht.)

7 John Dewey, in: F.M. Alexander: *Constructive Conscious Control of the Individual,* S. IX.

8 vgl. D. Garlick (Hrsg.): *Proprioception, Posture and Emotion.* Committee in Postgraduate Medical Education, University of New South Wales, 1982.

9 Patrick Macdonald: *The Alexander Technique as I see It.* Rahula Books, Brighton, 1989.

10 F.M. Alexander, in: E. Maisel (Hrsg.): *The Alexander Technique.* Thames & Hudson, London, 1974, S. 3.

11 F.M. Alexander: *Constructive Conscious Control of the Individual,* S. 60.

12 F.M. Alexander: *Man's Supreme Inheritance,* S. 31.

13 vgl. B. Libet: »Unconscious cerebral initiative and the role of the conscious will in voluntary activity« in: *The Behavioural and Brain Sciences,* 8, 1985, S. 9.

14 vgl. P.J. Macdonald: »On Giving Directions, Doing and Non-Doing«, Alexander Memorial Lecture, in: *The Alexander Journal* 9, 1988, S. 4-11. Auch abgedruckt in: P. Macdonald, *The Alexander Technique as I see it.*

15 vgl. P.J. Macdonald: *The Alexander Technique as I see it,* S. 64.

16 F.M. Alexander, in: E. Maisel, *The Alexander Technique,* S.11.

17 ebd., S. 10.

18 P.J. Macdonald: *The Alexander Technique als I see it,* S. 26.

19 J. Dewey, in: F.M. Alexander: *The Use of the Self,* S. XIX. (Dieses Vorwort von J. Dewey ist in der deutschen Ausgabe des Buches nicht enthalten).

20 F.M. Alexander, in: E. Maisel: *The Alexander Technique*, S. 10.

21 W. D'Arcy Thompson: *Über Wachstum und Form*. Suhrkamp, Reinbek b. Hamburg, 1982, S. 57.

22 vgl. W. H. Bates: *Rechtes Sehen ohne Brille. Heilung fehlerhaften Sehens durch Behandlung ohne Brille*. Rohm, Bietigheim, 3. Aufl. 1991.

23 vgl. N. Tinbergen: »Use and Misuse in Evolutionary Perspective«, Alexander Memorial Lecture 1976, in: W. Barlow (Hrsg.): *More Talk of Alexander*.

24 In einigen Fällen wird man auch die Hilfe des orthopädischen Schuhmachers in Anspruch nehmen müssen, um ein optimales Funktionieren der Primärkontrolle zu erreichen.

25 vgl. W. Barlow: *Die Alexander-Technik*, S. 180ff.

26 vgl. F.M. Alexander: *Constructive Conscious Control of the Individual*, Part II, Kapitel IV, Illustration.

27 vgl. I. Machover: *The Alexander Way to Eutokio*, in: *Direction, A Journal on the Alexander Technique*, Juni 1990.

28 Menschen, die ständig mit den Zähnen knirschen, leiden oft unter Verspannungen im Nacken- und Schulterbereich sowie unter Kopfschmerzen, Zahnschmerzen oder einem sehr empfindlichen Zahnfleisch. Hier können manchmal zahnärztliche oder kieferorthopädische Maßnahmen helfen. In Einzelfällen müssen einige Zähne etwas abgeschliffen werden, so daß Unter- und Oberkiefer bei geschlossenem Mund genau aufeinander passen.

29 Das Buch *The Voice-Book* von Michael McCallion (Faber and Faber, 1989) enthält viele hilfreiche Übungen, die die Resonanz und Lautstärke verbessern, sowie andere nützliche Tips für den Umgang mit der Stimme.

30 Siehe z.B. Groddeck: *Das Buch vom Es. Psychoanalytische Briefe an eine Freundin*. Limes, Berlin 1961. Groddeck benützte Massagetechniken bei emotionalen Problemen, und er war an den körperlichen Auswirkungen einer psychischen Störung ebenso interessiert wie an der psychologischen Seite des Problems. Man denke auch an den Begriff »Körperpanzerung«, den W. Reich prägte, und an ähnliche Konzepte der bioenergetischen Schule, z. B. bei Alexander Lowen und Stanley Keleman.

31 Siehe z.B. L. Hay: *Heile Deinen Körper*. Lüchow, Freiburg i.Br., 1989, oder J. Harrison: *Liebe Deine Krankheit – sie hält dich gesund*. Hugendubel, München 1988.

32 Harrison, ebd., S. 280.

33 vgl. D.K. Reynolds: *Playing Ball on Running Water*, Sheldon, 1985.

34 P.J. Macdonald: *The Alexander Technique as I see it*, S. 3.

35 F.M. Alexander, in: E. Maisel: *The Alexander Technique*, S. 12.

36 P.J. Macdonald: *The Alexander Technique as I see it*, S. 1.

37 vgl. J. Syer und C. Connolly: *Psychotraining für Sportler*. Rowohlt, Reinbek b. Hamburg, 1987.

38 vgl. W.T. Gallwey: *Tennis und Psyche. Das innere Spiel*. Wila, München, 1990. B. Green und W.T. Gallwey: *The Inner Game of Music*, W.T. Gallwey: *The Inner Game of Golf, The Inner Game of Skiing* – alle erschienen als Pan Taschenbücher.

39 vgl. Nelly Ben-Or: »The Alexander Technique in the Preparation and Performance of Music«, Alexander Memorial Lecture 1987, erhältlich von STAT Books, 20 London House, 266 Fulham Road, GB-London SW10 9EL.

Adressen

Berufsverbände für Alexander-Lehrer

Die folgenden Gesellschaften versenden eine Liste der Alexander-Lehrer, die die dreijährige Ausbildung an einer anerkannten Schule abgeschlossen haben. (Bitte frankierten, selbstadressierten Rückumschlag beilegen):

Deutschland

Gesellschaft der Lehrer der Alexander-Technik (GLAT)
Postfach 5312
7800 Freiburg
Tel: 0761-475995

Schweiz

Schweizerischer Verband der Lehrer der F.M. Alexander-Technik (SVLAT)
Postfach
CH-8032 Zürich

Kontaktadresse für Österreich

Michael Parkinson
Salesianergasse 15/12
A-1030 Wien

Großbritannien

The Society of Teachers of the Alexander Technique (STAT)
20 London House
266 Fulham Road
GB-London SW10 9EL
Tel: 071-351 0828
(Ein Buchversand ist ebenfalls angeschlossen. Bitte Bestellkatalog anfordern.)

Australien

Australian Society of Teachers of the Alexander Technique (AUSTAT)
PO Box 529
Milson's Point
NSW 2061
Australia

Kanada

The Canadian Society of Teachers of the Alexander Technique (CANSTAT)
Box 502
Station E
Montréal, Québec H2T 3A9
Kanada

Israel

Israeli Society of Teachers of the Alexander-Technique (ISTAT)
c/o S. Nelken
26 Radok Street
Jerusalem
Israel

Dänemark

Danish Society of Teachers of the Alexander-Technique (DFLAT)
c/o M. McGovern
Sandhøjen 18
DK-3720 Vanlose

Niederlande

Netherlands Society of Teachers of the Alexander-Technique (NeSTAT)
Max Havelaarlaan 80
NL-1183 HN Amstelveen

Frankreich

French Society of Teachers of the Alexander-Technique (AFETA)
c/o M. Charron
10 Alfhonse Dandet
F-78360 Montesson

Vereinigte Staaten von Amerika

North American Society of Teachers of the Alexander Technique (NASTAT)
PO Box 3992
Champaign, Il 61826-3992
USA

Südafrika

South African Society of Teachers of the Alexander-Technique (SASTAT)
c/o M. v. d. Merwe
35 Thornhill Rd.
Rondebosch 7700
South Africa

Qualifizierte Lehrer unterrichten ferner in Brasilien, Irland, Frankreich, Hongkong, Island, Italien, Japan, Neuseeland, Norwegen, Österreich, Pakistan, Schweden, Spanien und Südafrika, und es werden laufend neue Lehrer ausgebildet. Auskunft über Lehrer, die nicht von einer landeseigenen Gesellschaft vertreten werden, erteilt die britische Gesellschaft STAT.

Schulen zur Ausbildung für Lehrer der F.M. Alexander-Technik

in Deutschland:

Ausbildungszentrum für F.M. Alexander-Technik
Danny McGowan
Borstellstr. 42
W-1000 Berlin 41

Schule für F. M. Alexander-Technik
Chris Stevens
Grillparzerstr. 13
W-2000 Hamburg 76

Schule für F.M. Alexander-Technik
Walter Tschaikowski
Bergstr. 1
W-2057 Reinbek

Schule für F.M. Alexander-Technik
Elke Johannson-Tadken
Neue Str. 9
W-3050 Wunstorf

Schule für F.M. Alexander-Technik
Stanton Hobbs
Blumenthalstr. 73
W-5000 Köln 1

Schule für F.M. Alexander-Technik, Heidelberg
Kontaktadresse: A. Bartmann
Postfach 1504
W-6930 Eberbach

Schule für F.M. Alexander-Technik in der GTP e.V.
Eckart und Elisa Ruschmann
Schlierbergstr. 31
W-7800 Freiburg i.Br.

Schule für F.M. Alexander-Technik, Freiburg e.V.
Ausbildungsklasse, Dan Armon und Wilfried Hanefeld
Guntramstr. 11
W-7800 Freiburg i.Br.
Ausbildungsklasse, Aranka Fortwängler
Adelhauserstr. 10,
W-7800 Freiburg i.Br.

Schule für F.M. Alexander-Technik
Mary V. Holland
Schleißheimer Str. 173
W-8000 München 40

Schule für F.M. Alexander-Technik
Daniel Süßtrunk
Herzogstr. 7
W-8000 München 40

In der Schweiz:

Basler Schule für Lehrer der F.M. Alexander-Technik
Yehuda Kuperman
Schweizergasse 38
4054 Basel

F.M. Alexander-Technik
Lehrerausbildung
Schule Irma Rellstab
Apollostraße 8
8032 Zürich

Ausbildungsschule für Lehrerinnen
und Lehrer der F.M. Alexander-Technik
Verena Maria Keller
Im Gässli 4
4419 Lupsingen

Ecole de Suisse Romande de Technique
Frédéric Matthias Alexander
E. + R. Möckli
11, Ave Général Guisan
1580 Avenches

Jacqueline Webster
Schule für F.M. Alexander-Technik Zürich
Vorderfeldstraße 8
8706 Feldmeilen
(Unterrichtsort: Zürich)

Kathrin von Schröder
Schule für F.M. Alexander-Technik
St. Johanns-Parkweg 7
4056 Basel

Schule für F.M. Alexander-Technik
Thomas Fehr
Seestraße 185
8712 Stäfa

**Informationen über anerkannte Ausbildungen
im Ausland sind erhältlich über:**

The Society of Teachers of the Alexander-Technique (STAT)
20 London House
266 Fulham Road
GB-London SW10 9EL

Empfohlene Literatur

Im folgenden finden Sie eine ausgewählte Liste von Büchern über die Alexandertechnik.

In englischer Sprache:

F.M. Alexander: *Man's Supreme Inheritance.* (1910), Centreline Press, USA.

F.M. Alexander: *Constructive Conscious Control of the Individual.* (1923), Gollancz, 1986.

F.M. Alexander: *The Use of the Self.* (1932) Gollancz, 1985 (auf dt.: *Der Gebrauch des Selbst*)

F.M. Alexander: *The Universal Constant in Living.* (1941), Centreline Press, USA.

In deutscher Sprache:

F.M. Alexander: *Der Gebrauch des Selbst.* Der Begründer der »Alexander-Technik« über die Harmonisierung von Körper und Geist. Kösel, 1988.

Marjory Barlow: *Die Lehre des F. Matthias Alexander.* Alexander-Gedächtnis-Vortrag, gehalten im November 1965 in London. Edition Kavanah, 1991.

Winfred Barlow: *Die Alexander-Technik.* Gesundheit und Lebensqualität durch richtigen Gebrauch des Körpers. Kösel, 4. Aufl. 1989.

Michael Gelb: *Körperdynamik.* Eine Einführung in die Alexander-Technik. Ullstein, 1986.

John Gray: *Die Alexander-Technik.* Neue Körperharmonie durch natürliche Bewegung. Lübbe, 1992.

Liz Hodgkinson: *Die Alexander-Technik.* Heyne, 1992.

Judith Leibowitz und Bill Connington: *Die Alexander-Technik.* Körpertherapie für jedermann. Gesundheit und Wohlbefinden durch die Behebung von Haltungsfehlern, falschen Bewegungsgewohnheiten und körperlichen Verspannungen. Scherz, 1991.

Chris Stevens: *Alexander Technik.* Ein Weg zum besseren Umgang mit sich selbst. Sphinx, 1989.

Register

David und Kaethe Zemach-Bersin / Mark Reese
Gesundheit und Beweglichkeit
10 Feldenkrais-Lektionen.
168 Seiten. Kartoniert

Die meisten Menschen sitzen, stehen und gehen nicht optimal. Die Folge sind oft Verspannungen und chronische Schäden. Die auf der Methode von Moshe Feldenkrais basierenden »Relaxercise«-Übungen zeigen einen neuen, einfachen Weg zu Gesundheit, Beweglichkeit und Linderung von Spannungen.

Dieses Übungssystem stellt sanfte Übungen vor, die nicht mit Muskelanstrengung arbeiten, sondern die Fähigkeiten des Gehirns einsetzen, dem Körper zu helfen und seine Funktionen zu verbessern. Die einzelnen Übungen dauern nur 15 bis 30 Minuten, sie sind für Menschen jeden Alters geeignet und können überall gemacht werden.

Ein reich illustriertes Buch,
dessen Übungen mit wenig Einsatz
schnelle und verblüffende Wirkung erzielen!

Wilfred Barlow
Die Alexander-Technik
Gesundheit und Lebensqualität durch richtigen Gebrauch des Körpers
4. Aufl. 264 Seiten. 56 Abb. Kartoniert

Frederick Matthias Alexander hat herausgefunden: Wir "gebrauchen" unseren Körper nicht richtig. Grundlegend dabei ist die falsche Ausrichtung von Kopf, Hals und Schultern. Als Folge verschiebt sich das ganze Muskelsystem, und wir leiden unter sogenannten "Zivilisationskrankheiten" wie Kopfweh, Nacken- oder Rückenschmerzen, unter Rheuma oder Arthritis, unter Schlaflosigkeit, Erschöpfung oder Depressionen.

Dieses Buch, das Standardwerk der Literatur zur Alexander-Technik, informiert verständlich und umfassend über Grundlagen, Praxis und Wirksamkeit dieser, inzwischen weltbekannten Methode der Körperdynamik. Durch ihre Anwendung können wir lernen, mit einem Mindestaufwand an Streß einen ausbalancierten Gebrauch unseres Körpers zu erreichen und ihm dadurch seine richtige Funktionsweise zu ermöglichen.

Die Alexander-Technik ist ein
erprobter Weg zur Befreiung von Streß,
Verspannungen, Müdigkeit und zu neuen Lebensenergien.